Gregor Baumhof

DU bist Licht und Tag

Gregor Baumhof

DU bist Licht und Tag

Mit der Poesie der Hymnen durch das liturgische Jahr

VIER TÜRME

Inhalt

Einführung

Schon seit den ersten Tagen meines Kontaktes mit klösterlichem Leben, zunächst in Maria Laach, später dann in Niederalteich, haben die Hymnen des lateinischen Offiziums mein besonderes Interesse gefunden. Das mag daran auch gelegen haben, dass ich als Musiker auch besonderen Zugang habe zu anderen Gebieten künstlerischen Tuns wie Dichtung, Bild und Skulptur. Im Laufe meines monastischen Lebens durfte ich früh schon den Novizen dabei behilflich sein, durch Übersetzung ein Verständnis für die Hymnen zu entwickeln. Als Lehrbeauftragter für Gregorianischen Choral am Richard-Strauss-Konservatorium war es mir ein Anliegen, das dort vorherrschende Repertoire der Messproprien durch Hymnenbetrachtungen zu erweitern. Die Betrachtungen wurden ausgeweitet aus Anlass dreier Buchveröffentlichungen im Kösel-Verlag, die auf Wunsch des Verlagsleiters nicht wissenschaftlich, sondern mehr meditativ für geistlich interessierte Leser orientiert waren. In den letzten drei Jahren habe ich auf Bitten der Redaktion von TE DEUM, dem Stundengebet im Alltag, die in der deutschen Übersetzung dort aufgeführten Hymnen einer meditativ-spirituell orientierten Betrachtung zu unterziehen, meine Arbeiten weiter ausgedehnt. All diese Stufen mögen nun hier in dieser Veröffentlichung zusammengeführt werden zu einem geistlichen Vademecum, welches der Leserin und dem Leser an den einzelnen Stationen am Tag, in der Woche und dem Festkalender des Jahres die Möglichkeit gibt, innezuhalten und diesen Rhythmen durch einen kurzen hymnischen Ritus zu festigen.

Nach den höchst verdienstvollen Beiträgen zum Hymnus durch den Jesuiten Clemens Blume (1932) und durch die Benediktinerin Schwester Aemiliana Löhr (1955), beide beim Verlag Pustet verlegt, finde ich es an der Zeit, wieder neu die Hymnen des Offiziums anzuschauen. Alex Stock hat als erster wieder sich des Thesaurus angenommen und theologisch und geschichtlich fundierte und luzide Deutungen einer Auswahl von 33 poetischen Juwelen vorgestellt. Sie sind im Verlag der Weltreligionen erschienen.

Die jetzige Ausgabe wendet sich an geistlich und spirituell interessierte Menschen und möchte für sie ein geistliches Vademecum sein, das ihren Tageslauf, ihren Wochengang und ihren christlich geprägten Jahreslauf begleiten und deuten möchte. Aus diesem Grund stehen zwei Hymnen am Beginn, die auch den Beginn und das Ende eines jeden Tages in einen spirituellen Horizont stellen – Spiritualität hier verstanden als eine Weltdeutung aus der Erfahrung der Existenz einer überzeitlichen Wirklichkeit.

Für die einzelnen Tage der Woche stehen Übersetzungen und Deutungen der Hymnen für das Frühlob (Laudes) und für das Abendlob (Vesper) bereit. Die Übersetzungen sind vom Autor quellenorientiert übersetzt, verzichten auf eine Übernahme des Metrums des Originals, um zu den tiefen Schichten vorzudringen, die bei den metrisch gebundenen und auch eher an der Zielsprache orientierten Übersetzungen meist verloren gehen.

Des Weiteren sind in diesem Buch Hymnen für die beiden großen Festkreise Weihnachten (Advent bis Lichtmess) und Ostern (Quadragesima bis Pfingsten) bereitgestellt. Als Ergänzung dazu finden sich die Hymnen zu den Festen der Heiligen, deren Geburtsfeste gefeiert werden. Das sind (neben Christus) Maria und Johannes der Täufer. Den Schlussakkord bildet der Hymnus zum Fest der Kirchweih.

Zur Situation der lateinischen Hymnodie

Der Bestand und seine Entstehung

Die Psalmen hat das Christentum aus dem Alten Testament übernommen, die im Raum der lateinischen Kultur entstandenen Hymnen sind sein eigener Beitrag zur Lyrik der Weltliteratur. Diese für den Gottesdienst und für die private Frömmigkeit bestimmte Literatur setzt im 4. Jahrhundert ein. Am Ende des Mittelalters ist der Bestand auf annähernd 30.000 Titel angewachsen. Sie finden sich in den 55 Bänden der ***Annalecta Hymnica Medii Aevi***, einer monumentalen Edition, die auf eine kirchliche Initiative zurückgeht: Der Provinzial der deutschen Jesuiten hatte den jungen Pater Guido Maria Drewes 1885 mit der Ausarbeitung einer Geschichte der lateinischen Hymnodie beauftragt. Mit der Unterstützung seines Mitbruders Clemens Blume widmete sich Drewes ein Vierteljahrhundert lang bis zu seinem Tod im Jahre 1909 der Aufgabe, den Schatz der lateinischen Hymnendichtung zu heben. Diese Initiative entsprang – wie auch die Wiedergewinnung des Gregorianischen Chorals – aus dem Geist der nicht nur kirchlichen Restauration des 19. Jahrhunderts. Hunderte Hymnen sind in der Neuzeit im liturgischen Gebrauch geblieben. Folgende Ausführungen möchten den Schatz der besonderen Gottesrede und seine Entwicklung etwas näher betrachten.

Erste Charakteristika

In der griechischen Antike ist der Hymnus ein Lied, das zum Preis von Göttern oder Heroen angestimmt wird. Die lateinische Sprache übernimmt den Begriff als Lehnwort. Mit der Übernahme durch das Christentum tritt auch die griechische Musikpraxis in den Horizont der liturgischen Musik. Diese Musikpraxis war zunächst nicht liturgierelevant, da sowohl das Evangelium als auch die ins Lateinische übersetzten Psalmen nicht metrisch gebundene

Texte sind – was aber eine Grundvoraussetzung für die griechische Musik ist. Das Wort »Hymnus« ist wohl abgeleitet von griechisch »hyphaino« – »weben«. Weben meint die Herstellung einer Textur aus Kette und Schuss. Die Kette des Hymnus ist eine Sache der Kunst, der Schuss ist eine Sache des Kultes. Zur Sache der Kunst gehört seine metrisch gebundene, in Strophen gefasste Form – mit im Wesentlichen aus Griechenland stammenden Vorläufern – zur Sache des Kultes gehört, dass er jemanden preist. Er ist zuerst und vor allem Lobgesang! Nach dem hl. Augustinus ist dreierlei nötig, damit etwas ein Hymnus sei: Lob, Gott und Gesang (Lied), also spezifische Gottesrede; Lob, poetisch und gesungen. Denn so Augustinus weiter: »Wer singt, der lobt nicht nur, er lobt auch freudig, wer Lob singt, singt nicht nur, nein, er liebt auch den, dem er singt«. Freude und Liebe sind also seine beiden Lungenflügel.

Beides aber setzt Beziehung voraus, Anrede. Die Praxis des Singens von Hymnen kann deswegen auch einen wesentlichen Beitrag zur Vertiefung dieser Beziehung leisten, denn sie macht es dem Singenden möglich, objektive Heilsaussagen subjektiv sich anzueignen und zu ihnen eine neue, ganz persönliche, mit eigenen Empfindungen verbundene Beziehung aufzunehmen. Hier ein paar Beispiele für die Anrede ***»Du«*** in den Hymnen: »Christe, qui lux es et dies«, »Lucis Creator optime«, »Aeterne rerum Conditor«. Diese Liste ließ sich beliebig fortführen.

Ambrosius als Vater der poetischen Gottesrede im Westen

Ambrosius, der Sohn eines römischen Präfekten, wurde in Trier geboren, war Bischof von Mailand und starb 397. Er gilt als Vater der poetischen Gottesrede im Westen. Der überaus große Erfolg der Lieder des Ambrosius bedingte, dass die Hymnen in Form und Stil auf breiter Basis später Nachahmer fanden und so »Ambrosianus« zu einer Gattungsbezeichnung wurde. Der heilige Benedikt verwendet in seiner Regel den Begriff »ambrosianus« statt des Begriffes »Hymnus« (vgl. z.B. Regel Benedikts 9,4). Ihn kennzeichnet metrischer Bau, er ist nach Quantitäten geordnet, oktosyllabisch und im jambischen Dimeter verfasst. Der Versfuß des Jambus besteht aus einer kurzen und einer langen Silbe. Zwei dieser Füße bilden ein Metrum. Der jambische Dimeter also aus vier Versfüßen: ***»Vení redémptor géntiúm«***.

So hat Ambrosius quasi als Vater des lateinischen Kirchengesangs dem abendländischen Hymnus eine Art Muster gegeben, aus dem dann doch eine große hymnische Vielfalt erwuchs.

Einer der markantesten Hymnen des Ambrosius ist das bis in unsere Gesangsbücher weiterlebende Weihnachtslied »Veni Redemptor gentium«, welches Martin Luther übertragen hat in sein »Nun komm, der Heiden Heiland«.

Allerdings hatte Ambrosius einen großen Vorläufer, ***Hilarius***, der Bischof von Poitiers war, und dort auch zu Beginn des

4. Jahrhunderts geboren wurde. Leider ist sein Buch der Hymnen nur als kleines Bruchstück überliefert. Keiner seiner Hymnen wurde im liturgischen Gottesdienst verwendet. Erwähnung verdient aber dennoch sein Hymnus »Ante saecula«, weil er als Erstling an der Spitze der lateinischen Hymnodie steht.

Die »Söhne« des Ambrosius im Raum der Antike

Zunächst ist hier der Spanier ***Prudentius*** (348–404) zu nennen, dessen Morgenhymnus »Ales diei nuntius« bis heute erhalten ist. Er hat heute im Stundengebet seinen Platz als Hymnus der Lesehore am Donnerstag der zweiten und vierten Woche. Im Gegenüber von Ambrosius und Prudentius, dessen Werk eher als Lesedichtung einzuordnen ist, wird nun schon am Anfang der Gebrauchsraum des Hymnus sichtbar. Er bedient offizielle Liturgie und private Frömmigkeit. Benedikt kann bereits auf einen festen Bestand zurückgreifen und macht die feste Regel daraus, dass bei jeder kanonischen Tageszeit ein bestimmter Hymnus zu singen sei. Aus dieser Ordnung ergeben sich für jeden Tag acht Hymnen: zur Vigil, zur Prim, zu den Laudes, zur Terz, Sext und Non, zur Vesper und zur Komplet, alle im Wesentlichen als »ambrosiani«.

Die Hymnendichter des 5. und 6. Jahrhunderts erweitern dieses Spektrum. Allen voran ***Gregor der Große***, dem wir die herrlichen Vesperhymnen der ersten sechs Tage der Woche verdanken. Sie spiegeln die einzelnen Phasen der Schöpfungstage in Beziehungsrede und fügen nach den »naturalia« in der Regel ausgedehnte »moralia« an. Sie sind alle in dieses Buch aufgenommen worden. So geht es Gregor d. Gr. auch bei diesen, in der ambrosianischen Nachfolge stehenden, Hymnen darum, objektive Texte der Heiligen Schrift umzuschmieden in poetische Beziehungsrede: »So sie's nicht singen, glauben sie's nicht!«

Sedulius dichtet seinen 23-strophigen, abecedarischen Hymnus »A solis ortus cardine«, der primär für den Gebrauch gebildeter Frömmigkeit zu denken ist, woraus jedoch zwei Teile in das römische Stundengebet an Weihnachten und an Epiphanie gelangt sind.

Der in Ravenna geborene und im fränkischen Poitiers als Bischof gestorbene ***Venantius Fortunatus*** (540–609) bildet mit seiner Person ein wesentliches Scharnier zwischen der Antike, in der Latein als Muttersprache fungierte und dem nun aufziehenden Mittelalter, in dem Latein im Bildungsträger Kloster als quasi »Fremdsprache« gelehrt wird. Denn was zur Zeit des Ambrosius noch als gemeindlicher Volksgesang realisiert werden konnte – Ambrosius hat ja schließlich die lateinische Sprache mit der Muttermilch aufgesogen –, wurde in den folgenden Jahrhunderten eine Sache der im Unterschied zum gemeinen Volk immer noch in der lateinischen Sprache beheimateten monastischen Kultur. Berühmt sind die beiden hochbedeutenden Kreuzhymnen des Venantius Fortunatus. Bei näherer Untersuchung zeigt sich, dass erst der Rückgriff auf die originale Fassung eine vollständige und gültige

Interpretation möglich macht und sich die Hymnen als besonders wertvolle Perlen erweisen. Alle Nachdichtungen sowie die deutsche Fassung im Gotteslob (Neues GL Nr. 299) bleiben mit reduzierter Strophenanzahl ein Torso.

Der Hymnus im Raum der karolingischen Renaissance

Ein eigener hymnodischer Raum bildet sich im Raum Irland/England des 7./8. Jahrhundert. Unter vielen anderen Dichtern ist hier ***Beda Venerabilis*** zu nennen. Für die Weiterentwicklung der Hymnodie aber bedeutet die karolingische Renaissance einen wichtigen neuen Schub, unter vielen anderen seien hier genannt ***Paulus Diaconus*** und ***Theodulf von Orléans***.

Ersterem verdanken wir den berühmten, im sapphischen Versmaß komponierten Hymnus zum Fest des heiligen Johannes des Täufers »Ut queant laxis«. Dieser Hymnus aus dreimal fünf Strophen erzählt die Lebensgeschichte des – wenn man so will – christlichen Heroen, des hl. Johannes des Täufers:

Theodulf von Orléans, seines Zeichens Bischof, schenkt der Kirche unter anderem seinen in Distichen komponierten Hymnus »Ad Christum Regem«, der seinen liturgischen Platz beim Einzug in die Kirche am Palmsonntag hatte., und der in einer wenig überzeugenden Form noch im alten Gotteslob zu finden war (GL 197). Im neuen Gotteslob ist er zum Ruf vor dem Evangelium geschrumpft (GL 176.5).

Im 9. und 10. Jahrhundert sind als bedeutende Hymnendichter vor allem ***Hrabanus Maurus*** (Fulda), ***Wallafried Strabo*** (Reichenau) und ***Notker Balbulus*** (St. Gallen) zu nennen.

Dem Erstgenannten wird der berühmte Hymnus »Veni Creator Spiritus zugeschrieben. Dieser Hymnus hat eine große musikalische Wirkungsgeschichte gezeitigt. Hier sei nur der erste Satz der 8. Sinfonie von Gustav Mahler genannt, der ganz aus dem Hymnus gespeist wird. Der bedeutende Hymnus hat mannigfache Vertonungen durch die Mehrstimmigkeit des 15. Jahrhundert erfahren (Victoria, Palestrina). Auch Martin Luther hat ihn übersetzt. Er vertauscht in seiner Übersetzung die Strophen 3 und 4 des Originals, sodass in die Mitte des Hymnus rückt, was ihm ein zentrales Anliegen war: »des Vaters Wort gibst du gar bald«. Auch dieser hymnische Text hat Eingang in viele Kompositionen gefunden.

Auf Notker Balbulus gehen um 830 die Anfänge der Sequenz zurück, die als Sonderform des Tropus entsteht. Diese besondere hymnische Gattung wird weiter unten kurz näher betrachtet.

Der Hymnus im späten Mittelalter und in der frühen Neuzeit

Die Hymnenproduktion des 13. Jahrhunderts wird vorangetrieben von der Inspiration der neuen Orden. Während die Thomas von Aquin zugeschriebenen Hymnen zum Fronleichnamsfest disziplinierte philosophische Dichtungen sind – man sucht in ihnen vergebens nach der Beziehungsrede – konzentrieren sich die Beiträge der franziskanischen Hymnenschreiber eher individuell und realistisch auf Passion und Kreuzigung. Auf dem Feld der Compassio-Verehrung entstehen unter anderem die Sequenzen »Dies irae« und »Stabat mater«. Beide sind – unbeschadet ihrer Entfernung aus der Liturgie, einmal praktisch, das andere Mal per Dekret – durch ihre Vertonungsgeschichte ein großes Zeugnis abendländischer Kultur. Heute sind es »fremde Schönheiten«, die außerhalb liturgischen Tuns sich hoher Beachtung erfreuen – im Konzertsaal. Eine ausführliche Würdigung findet sich im Buch »Gesänge der Hoffnung«.

Nachtridentinisch gewinnt das humanistische, an der antiken Literatur orientierte Stilempfinden auch Einfluss auf die offizielle Liturgie. 1632 werden nach Vorgaben des klassischen Lateins korrigierte Hymnen in das römische Brevier eingefügt.

Die Ausgaben des 19. Jahrhunderts haben diese dem Humanismus entsprungenen Hymnen nicht aufgenommen. Sie haben sich aus gutem Grund auf die mittellateinische Epoche (vom 4. bis zum 15. Jahrhundert) beschränkt, in dem die christliche Hymnik sich in all ihren Facetten und hohen Qualitäten entwickelt hat. Die Produktion geht natürlich in der Neuzeit weiter. Neu eingeführte Feste mussten hymnisch bestückt werden. Die Hymnen zum Herz-Jesu-Fest, Christkönigsfest und zum reformierten Stundengebet des Zweiten Vatikanischen Konzils (»Liturgia horarum«) sind hier zu nennen. Sie erreichen aber bei weitem nicht mehr die Qualität der Ahnen, vor allem da sie eher theologische Sachverhalte in der Er-Rede bevorzugen.

Die Liturgiereform des Zweiten Vatikanischen Konzils hat die bis dahin gültige benediktinische Offiziumsordnung geändert: »Die Prim soll wegfallen« (Konstitution über die heilige Liturgie, Art. 89 d, zitiert nach LThK ErgBd I, S. 79) und aus dem Nachtgebet der Matutin wurde eine Lesehore. Beide vorgenommenen Veränderungen betrafen natürlich auch die Hymnen, die entfielen, verlegt oder angepasst wurden, so auch der Hymnus zur Prim »Iam lucis ordo sidere«, der in die Laudes gewandert ist. Er ist daher in die Sammlung mit aufgenommen worden. Mit ihm kann man so gut wie mit keinem anderen seinen Arbeitstag beginnen.

Die Situation nach dem Zweiten Vatikanischen Konzil

Die vom Zweiten Vatikanischen Konzil beschlossene Liturgiereform bedeutete wie für die Messe, so auch für das Stundengebet einen epochalen Einschnitt. Die zur Reform eingesetzte Kommission unter der Leitung des Benediktiners Anselmo Lentini (vgl. »Te decet hymnus«, L'Innario delle »liturgia horarum«, 1984) schuf ein neues, stark vermehrtes Hymnar, das im Rahmen des Stundengebets 1971 von der Kongregation für den Gottesdienst und die Sakramente promulgiert wurde. Die alten

Hymnen wurden »gereinigt«, »bearbeitet«, Strophen entfernt, umgestellt, neugebildet, das Hymnar um neue Hymnen erweitert. Beispielsweise wurde im Johanneshymnus »Ut queant laxis« der Olymp durch »supremo« ersetzt, weil der Kommission »Olympo« zu heidnisch klang. Damit ging in die Überarbeitung des objektiven Bestands bedauerlicherweise ein subjektives Moment ein.

Dieses lateinische Hymnar wurde auf einschneidende Weise durchkreuzt durch die kirchliche Entscheidung, die lateinische Sprache als verbindliche Liturgiesprache aufzugeben. Das lateinische Missale und die lateinische »Liturgia horarum« blieben zwar die Urtexte der römisch-katholischen Liturgiefamilie, aber durch die Zulassung der Landessprache als gleichwertig wurde das Latein in den Status einer Nischensprache gedrängt.

Auf den Status des Hymnars bezogen, führte das natürlich zu einer vollkommen neuen Situation. Das Stundenbuch bietet nun Übersetzungen der lateinischen Hymnen. Sie sind nichts mehr als freie Analoga der originären lateinischen Lyrik, haben aber den Status liturgierechtlich gleichwertiger und authentischer Texte einer ganz in der Landessprache zu vollziehenden Liturgie. An die Stelle der Texte der freien und namentlich genannten Autoren treten nun kirchenamtlich autorisierte Übersetzungen, deren Urheber in den offiziellen Büchern anonymisiert sind. Eine römische Instruktion des Jahres 1969 hatte für poetische Freiheit hier ausdrücklich Lizenz gegeben: »Wenn liturgische Hymnen mit poetischer Form nicht in wirklich poetischer Art übersetzt werden, die für Volksgesang geeignet ist, verlieren sie ihre eigentliche Funktion. Meistens steht dieser Forderung der Singbarkeit einer wörtlichen Übertragung entgegen. Daher müssen die Hymnen fast immer neu geschaffen werden in Übereinstimmung mit den Gesetzen, die im jeweiligen Sprachgebiet für Musik und Gesang der Volkspoesie gelten.«

Wegen der Anpassung des deutschen Textes an das vorgegebene Metrum musste der Text notgedrungen bei der Tiefe und dem Reichtum der verwendeten Bilder große Einbußen gegenüber dem Original erleiden. So stellte die hier unter der obersten Maxime der Singbarkeit gewährte dichterische Freiheit die liturgischen Übersetzer vor schier unlösbare Probleme. Einer der führenden katholischen Liturgiker konstatierte: »Die Erfahrungen, die man mit den bisherigen Übersetzungen gemacht hat, sind trüb. [...] Hier ist die Schwierigkeit so groß, dass man am liebsten ganz auf Übersetzungen verzichten möchte.«

Diesen Erfahrungen muss ich mich in aller Heftigkeit anschließen. Was damit verloren geht, wird nur demjenigen auffallen, der das Original mit dem Abkömmling vergleicht. Diese Vorgänge sind ein wesentliches Movens gewesen zur Veröffentlichung dieses Bandes.

Schluss

Dass zu Beginn des 21. Jahrhunderts lateinische Hymnen sich in einer vollkommen anderen Lage befinden als ein Jahrhundert zuvor, hängt mit weitreichenden kulturellen Veränderungen zusammen. Die lateinisch grundierte humanistische Bildung hat ihre selbstverständliche Dominanz eingebüßt, auch in den Klöstern, und die römische Kirche hat sich vom Latein als verbindlicher Liturgiesprache verabschiedet. Die Motivation sich mit lateinischen Hymnen zu befassen, ist nicht mehr so selbstverständlich wie im Jahre 1885, als der deutsche Jesuitenprovinzial die ***Annalecta Hymnica*** auf die Reise schickte. Die lateinischen Hymnen haben für das Mittelalter den Rang klassischer Dichtung. Sie waren bei der Geistlichkeit in täglichem Gebrauch und selbst für den gebildeten Laien Schulpensum. Die Hymnen waren die christliche Dichtung par excellence; ihr häufiger Gebrauch, ihre Melodien, die großenteils einfachen metrischen Formen und nicht zuletzt ihre dichterische Ausdruckskraft gaben ihnen eine Popularität und Verbreitung, die von keiner anderen lyrischen Gattung des Mittelalters erreicht worden sein dürfte. Im Kontinuitätsraum der katholischen Liturgie ist etwas von diesem kulturellen Rang auch über die Grenze des Mittelalters hinaus bewahrt worden. Diese Kontinuität ist im Wesentlichen zerbrochen.

Die lateinischen Hymnen sind aber trotz allem ein relativ stabiles Depositum religiöser Dichtung. Sie sind durch ihre lyrische Art – Autoren sind Theologen ***und*** Poeten – in besonderer Weise zum Lob Gottes geeignet. Sie prägen mehr als andere Teile der Liturgie die besondere Eigenart der Feste und Festzeiten. Ihre besondere Wirksamkeit gründet in ihrer literarischen Schönheit. Stellt man in Rechnung, dass viele von ihnen weit über 1000 Jahre lang von Mönchen, Nonnen und Klerikern jahraus, jahrein, Tag um Tag gebetet wurden – so sie's nicht singen, glauben sie's nicht! – gehören die lateinischen Hymnen neben den Psalmen vermutlich zu den meist gebrauchten lyrischen Texten der Weltgeschichte überhaupt, sind aber im liturgischen Rahmen und Raum in ihrer ursprünglichen Tiefe und ihrem spirituellen Reichtum im Wesentlichen nicht mehr erfahrbar.

Das trifft auch auf andere künstlerische Erzeugnisse wie Bilder oder Plastiken zu, die ihren ursprünglichen Ort verloren haben und sich nun im Museum befinden. Was tun? Soll man sie nur noch den anspruchsvollen Liebhabern von geistlich-poetischer Nahrung überlassen? Das muss man nicht. Ausstellungen wie »Pracht auf Pergament« (2013 in München), die unter dem Signum »Fremde Schönheit« alte Handschriften und Codices aus den Tresoren einem staunenden Publikum zeigen, sind Publikumsmagneten und die Gegenstände, die sie zeigen, werden – die Museumspädagogik hat dazugelernt – in Führungen und Katalogen den neugierigen und interessierten Besuchern in freundlicher Art und Weise aufgeschlossen. Begegnung mit dem Original ist hier Trumpf.

Warum die Schätze aus dem poetischen Tresor nicht auch mit dem Schlüssel der fremden Schönheiten aufschließen? Sind diese Juwelen es nicht wert, nach neuen Möglichkeiten zu suchen, Begegnungen mit ihnen, ja Sehnsucht nach ihnen zu ermöglichen, da sie unsere Sehnsucht nach Gott und unsere Weltdeutung neu auszurichten vermögen? Die Imitate kann man dann trotzdem weiter singen. Und die poetischen Erzeugnisse in deutscher Sprache und auch in Beziehungsrede von Dichtern der Gegenwart – hier seien stellvertretend für die vielen nur Jochen Klepper und Huub Oosterhuis genannt – könnten wir sie nicht als würdige Fortsetzung der hohen liturgischen Texte der Weltgeschichte verstehen und uns so an einem großen Strang hoher poetischer Dichtung erfreuen, der von der Vergangenheit bis in die Gegenwart reicht?

Die Hymnen für den Tag

DER HYMNUS DER PRIM

»Iam lucis orto sidere«

Iam lucis orto sidere
Deum precemur supplices
Ut in diurnis actibus
Nos servet a nocentibus.

Nachdem nun schon das Gestirn
des Lichtes aufgegangen ist,
flehen wir kniend Gott an, dass er uns in
den täglichen Taten vor Schaden bewahre.

Linguam refrenans temperet,
Ne litis horror insonet,
Visum fovendo contegat,
Ne vanitates hauriat;

Er mäßige zügelnd die Zunge,
damit nicht der Schrecken des Streites losbreche.
Er decke das Auge warm,
damit es nicht Eitles konsumiere.

Sint pura cordis intima,
Absistat et vecordia
Carnis terat superbiam
Potus cibique parcitas.

Das Herzensinnere sei rein,
auch trete der wilde Zorn zurück.
Die Enthaltsamkeit von Speise und Trank
treibe aus den Stolz des Fleisches.

Ut, cum dies abscesserit
Noctemque sors reduxerit,
Mundi per abstinentiam
Ipsi canamus gloriam.

Damit wir, wenn der Tag vergangen sein wird
und das Geschick die Nacht zurückbringt,
selbst rein durch Enthaltsamkeit
die Herrlichkeit besingen.

Deo Patri sit gloria
Eiusque soli Filio
Cum Spiritu Paraclito,
In sempiterna saecula. Amen.

Gott dem Vater sei Ehre,
und auch seinem einzigen Sohn
mit dem Heiligen Geist
in alle Ewigkeit. Amen.

Der vorliegende Hymnus ist von seinen vierzeiligen Strophen und seinem jambischen Metrum her gesehen ein typischer Ambrosius. Allerdings weist er paarweise Reime auf, die seine Entstehung im 7./8. Jahrhundert, also in der karolingischen Zeit nahelegen. Er hat im römischen Brevier seinen ureigensten Platz als Hymnus zur Prim. Nach der Prim, der kleinen Hore zur 1. Stunde des Tages (6 Uhr) (Regel Benedikts, Kap. 16), quasi das gemeinsame Morgengebet, wurde in den Klöstern im Kapitelsaal die Arbeit für die Mönche zugeteilt. Unter diesem Blickwinkel ist auch der Hymnus zu sehen. Das Zweite Vatikanische Konzil hat diese Hore abgeschafft. Nun finden wir ihn meistens in den Laudes. Die Hymnen der Laudes preisen in der Regel das neue Licht in der Natur, den Neubeginn nach der Nacht, den wunderbaren Wechsel der Stimmungen in der Natur oder auch die Erinnerung an die Auferstehung und an das Licht der Gnade. Im vorliegenden Hymnus geht es um die innere Haltung des Beters zu seinem bevorstehenden Tagewerk. Im Topos der Laudes ist der Hymnus ein Fremdkörper.

In der ersten Strophe geht es nicht um Heilsgeschichte, nicht um Schöpfung, es geht nach dem Sonnenaufgang um das bevorstehende tägliche Tun und um Gottes Hilfe und Beistand dazu. Die letzte Zeile spricht aus, in welcher Haltung wir die Bitte äußern, als »supplices«, als um Schutz Flehende! Das Lied zur Prim scheint so zunächst mehr Bittgebet als Hymnus und nur insofern ein Hymnus, als er Anrede ist und an die Macht des Angeflehten glaubt, dabei zu helfen, dass wir, die wir an die Arbeit gehen, niemandem schaden und auch selbst keinen Schaden nehmen. Die nächsten beiden Strophen entfalten die möglichen Risikofelder der täglichen Arbeit. Sie stammen – erstaunlich genug – alle aus biblischen Quellen. Da ist zunächst die ungezügelte Zunge. Sie sieht schon der Jakobusbrief (1,26; 3,1–18) als die Quelle von Ungerechtigkeit und Streit, da sie wie ein kleines Feuer einen großen Brand entfachen kann. Auch der Psalm spricht davon: »Werdet nicht wie Ross und Maultier, die ohne Verstand sind. Mit Zaum und Zügel muss man ihr Ungestüm bändigen« (Psalm 32,9). Und derselbe, der die Zügel des Weltalls in Händen hält wird nun angegangen, auch dieser kleinen Zunge Zügel anzulegen, um den großen Schaden zu verhindern. Wenn wir dann bitten, dass er uns die Zügel anlege, besteht die Hoffnung, dass wir das Ziel des Tages erreichen, von dem die letzte Strophe spricht.

Das zweite große Risikofeld ist die Augenlust. Auch sie ist biblisch gut begründet. Der Johannesbrief stellt sie an den Anfang der weltlichen Lebensweisen: »Denn alles, was in der Welt ist [...], die Begierde der Augen [...] ist nicht vom Vater, sondern von der Welt« (1 Johannes 2,16). Wir möchten als Beter unsere Augen davor bewahrt sehen, dass sie Eitles, Nichtiges sehen. Dabei kann das »hauriat« sehr zeitnah in »konsumieren« übersetzt werden. Wie aktuell ein Hymnus sein kann: Er weiß von der prägenden und auch verführenden Kraft von Bildern. Hier scheint der Epheserbrief durch: »dass ihr nicht wandeln sollt, wie die Heiden in der Nichtigkeit (»in vanitate«) ihres Sinnes« (Epheser 4,17). In der dritten Strophe ist das Herz, die Mitte unseres Wesens als Risikofeld angesprochen. Der Hymnus sticht so von den Augen und der Zunge zum Herzen durch. Die Reinheit des Herzens, von der die Seligpreisungen sprechen, hat Widerparte: die »vecordia«, den unbedachten Zorn, die »superbia«, den Stolz und die Hoffart, der die Hoffart des Fleisches benachbart ist (vgl. 1 Johannes 2,16). Durch die Mäßigung der Speise und des Trankes kann ihr gewehrt werden (»parcitas« ist die Sparsamkeit und der schonende Umgang!). Die Übersetzung des Stundenbuches »Und gib uns jeden Tag das Brot für unsre und der Brüder Not« trifft hier nicht die Intention des lateinischen Originals.

Die zweite und dritte Strophe hängen so wunderbar zusammen, sind eigentlich eine: denn so wie Zunge und Auge die Mitte des Herzens schädigen können, so kann das unlautere Herz Augen und Zunge in Bewegung setzen zum eigenen und zum Schaden der anderen. So scheint nun im Rückblick der Hymnus sich offenbar kräftig im Gebiet von Moral und Askese zu bewegen und eine Lebensweise zu propagieren, die um Ruhe und Frieden bedacht ist. Er zeigt hier eine deutliche Nähe zur römischen Stoa. Aber Vorsicht: es geht in ihm nicht um gute Vorsätze in einem von Askese geprägten täglichen Arbeitspensum, sondern es geht um das erbetene Ziel, am Abend des Tages, am Abend des Lebens gar, mit Gottes Hilfe ein in Reinheit lobender Mensch zu werden. Moral und Askese können dazu taugliche Instrumente sein. Insofern ist der Hymnus doch mehr Hymnus als Bittgebet. Der Dichter Jochen Klepper hat durch seine liebevolle Herangehensweise eine meisterliche Übersetzung vorgelegt (Evangelisches Gesangbuch 453), die ganz nah am Original dieses hymnischen Kleinods bleibt und doch singbar ist.

DER HYMNUS DER KOMPLET

»Christe, qui lux es et dies«

Christe, qui lux es et dies,
Noctis tenebras detegis
Lucisque lumen crederis,
Lumen beatis praedicans.

Christe, der du bist Tag und Licht,
du deckst die Finsternis der Nacht auf
und wirst geglaubt als Licht vom Licht,
den Seligen verheißest du dieses Licht.

Precamur, sancte Domine,
Defende nocte ac die,
Sit nobis in te requies
Quietam noctem tribue.

Wir bitten dich, heiliger Herr,
beschütze uns Tag und Nacht,
in dir sei Ruhe uns,
gewähre uns eine ruhige Nacht.

Ne gravis somnus inruat,
Nec hostis nos subripiat,
Nec caro illi consentiat,
Nos tibi reos statuat.

Dass nicht schwerer Schlaf Besitz ergreift
und der Feind uns mit List erobert,
dass das Fleisch nicht einverstanden ist
und uns als Verklagte dastehen lässt.

Oculi somnum capiant,
Cor semper ad te vigilet,
Dextera tua protegat
Famulos, qui te diligunt.

Die Augen wählen den Schlaf,
auf dich hin aber sei das Herz wach,
Deine Rechte schütze die Dienerschaft,
die dich liebt.

Defensor noster, aspice,
Insidiantes reprime,
Guberna tuos famulos,
Quos sanguine mercatus es.

Unser Beschützer, schau uns an,
halte zurück, die uns nachstellen.
Leite deine Dienerschaft,
die du durch dein Blut freigekauft hast.

Memento nostri, Domine,
In gravi isto corpore
Qui es defensor animae
Adesto nobis, Domine.

Gedenke unser, o Herr,
in der Beschwerlichkeit dieses Leibes,
der du unser Beschützer der Seele bist,
bleibe bei uns, o Herr.

Dieser, im frühen Mittelalter verbreitete Hymnus zur Komplet wurde vom römischen Brevier nicht aufgenommen. Dort dominiert bis heute der im 8. Jahrhundert entstandene Hymnus »Te lucis ante terminum«.

Die Gebetszeit der Komplet ist aus dem privaten Nachtgebet der Mönche und Nonnen entstanden. In der Regel des heiligen Benedikt wird sie als Gebetszeit fassbar. Sie ist ein Gebet, welches den Tag abschließt und zur Nacht überleiten will. Wir werden im Hymnus Wendungen finden, die auch in den anderen Teilen der Komplet als Anliegen auftauchen.

Der hier zur Betrachtung anstehende Hymnus ist Anfang des 6. Jahrhunderts entstanden. Seine sechs Strophen sind im jambischen Dimeter verfasst, er ist also ein echter »Ambrosius«. Die Liturgiereform des Zweiten Vatikanischen Konzils hat ihn etwas rehabilitiert und als Alternative zugelassen, allerdings aus pastoralen Erwägungen mit deutlichen Eingriffen in den ursprünglichen Text. Unsere Betrachtung orientiert sich an dem Originaltext.

Die erste Strophe ist ein hymnischer Nachklang auf das Johannesevangelium (1,4–9): Christus ist das Licht der Welt. Dass Christus auch der Tag ist, hängt mit der in der Genesis genannten Identifizierung zusammen: »und Gott nannte das Licht Tag.« Beides wird nun im Hymnus aufgegriffen zu der Zeit, da der Tag sich dem Ende neigt.

Christus verhindert nicht den Einbruch der Nacht, aber er deckt (»detegis«) als Licht die Finsternis der Nacht auf. Dieser Gedanke ist ebenfalls biblisch begründet, denn bei Paulus heißt es in Epheser 5,13: »Alles, was aufgedeckt wird, wird vom Licht erleuchtet«. Auch die dritte Zeile mit »lucisque lumen crederis« (»als des Lichtes Licht wirst du geglaubt«) ist biblischen Ursprungs: das »Glaubt an das Licht, damit ihr Kinder des Lichtes werdet« (Johannes 12,36) wird hier sogar noch mit dem Satz aus dem nizänischen Credo verknüpft: »Lumen de lumine«. (»Licht vom Licht«). Und auch die vierte Zeile bleibt ganz dem heiligen Wort treu und ruft mit »Lumen beatis praedicans« den Lobgesang des greisen Simeon ins Gedächtnis, der seit Benedikt als Canticum den Höhepunkt der Komplet bildet.

Am Portal der Nacht steht also Christus, das Licht. Alle seine Epitheta sind bibliogen. Die Leuchtkraft dieses Christus mag das Vertrauen wecken, die Nacht mit seiner Hilfe überstehen zu können.

An diesen nun im vollen Bewusstsein stehenden Lichtchristus richten wir als »famuli« Bitten. »Famuli« können Sklaven sein, aber auch die Dienerschaft, die zu ihm, dem Licht gehört. Da »famuli« etymologisch mit »Familie« verwandt ist, dürfen wir hier bei dem angeredeten »Dominus« durchaus den »pater familias« mitdenken, der nach römischem Verständnis sich um alle Belange der Hausgemeinschaft zu kümmern hat. Aber hier handelt es sich ausdrücklich – wie es in der fünften Strophe heißt – um durch sein Blut frei gekaufte Sklaven. Auch diese Wendung geht auf Bibeltext zurück. Wir finden Sie im ersten Petrusbrief 1,19: »Ihr wisst, dass ihr [...] nicht mit vergänglichen Gold oder Silber losgekauft seid, sondern durch das kostbare Blut Christi ...«.

Der Herr dieser Familie, an den wir die Bitten als »famuli« in den nächsten Strophen richten, ist also die Lichtgestalt des Christus in der ersten Strophe. »Defende« (beschirme, beschütze) ist die erste Bitte. Das Verbum mutiert in den beiden letzten Strophen zum Substantiv und wird zu einem weiteren Titel für Christus: »defensor«. Die Kinder des Lichtes in ihrer Sorge um eine ruhige Nacht, die in der vierten Zeile der zweiten Strophe genannt wird, bitten den Lichtchristus um Schutz (»protegat«), ums Angeschautwerden (»aspice«) und um sichere Begleitung (»guberna«). Diese ruhige Nacht, die ersehnt wird, klingt ja bekanntlich in der Komplet mehrfach an: der Segenspruch gleich zu Beginn lautet: »Noctem quietam et finem perfectum concedat nobis Dominus omnipotens« – eine ruhige Nacht und ein glückliches Ende gewähre uns der allmächtige Herr. Und die Antiphon zum Canticum des Simeon am Ende der Komplet spricht: »resquiescamus in pace« – lasst uns ruhen in Frieden. Aber diese Bitten werden geäußert, weil die gewünschte Nachtruhe sich nicht von selbst ergibt. Sind die Augen erst zu, verlieren wir die Kontrolle. Die Gefahren, die lauern, werden alle angesprochen und damit vor die Lichtgestalt Christus gehalten: Es ist der schwere Schlaf, der »gravis somnus«, in dem wir von Albträumen bedrängt werden und aus dem wir bedrückt erwachen. Es ist weiterhin der Diabolus, der Verwirrer, der uns »famuli« den Schlaf nicht gönnt, der sich einschleicht (»insidiantes«), der von uns Besitz ergreift (»subripiat«), der – wie es in den Zeilen drei und vier der dritten Strophe heißt – uns in den Traumwelten, in denen unsere Vernunft nicht Herr ist, heimlich verführt, ein Schlaf, welcher zu einem Objekt ohne Bewusstsein wird, welches im Gegenzug Schuldbewusstsein entstehen lässt.

Wie da herauskommen? Der Hymnus erinnert uns daran, dass es im Zentrum unseres Wesens ein Organ gibt, das wacht, das nicht schläft, sondern schlägt. Diese Erinnerung ist alt: Sie steht im Hohen Lied: »Ich schlafe, doch es wacht mein Herz!« Mit dieser Bitte »wach sei das Herz« erkennen wir, dass unsere Dienerschaft, die das Christuslicht liebt, mit dieser wachen Bindung nicht grundsätzlich infrage steht. In diesem Wachen liegt offenbar die wahre Ruhe: »sit nobis in te requies« Das ist die Hoffnung von uns »famuli«, dass wir als Famuli, die ihr Licht lieben, im Getriebe der Nacht nicht das Wachleben verlieren. Diese Hoffnung hat einen Namen: der Dominus, unser Herr, dem wir in Liebe zugetan sind.

Dem modernen Bewusstsein, das sich Kenntnisse in Traumpsychologie angeeignet hat, mag der Hymnus mit seinen dämonologischen Formulierungen ein Ärgernis sein. Diesem Bewusstsein zollen die entsprechenden Änderungen im Text der Neufassung Respekt. Ich habe mich am ursprünglichen Text orientiert und versucht die Sinnzusammenhänge dieses Hymnus herauszuarbeiten.

Andererseits ist der Hymnus ein leuchtendes Beispiel, wie ein lateinischer Hymnus als Inspirationsquelle für ein deutsches Kirchenlied dienen kann: 1000 Jahre nach der Entstehung des Hymnus »Christe, qui lux es et dies« legt Erasmus Alber das berühmte und bis heute gesungene evangelische Abendlied vor »Christe, du bist der helle Tag«!

Die Hymnen der Woche

Die Hymnen für das Frühlob (Laudes)

Von den Gebetszeiten am Abend und am Morgen hat das Frühlob von Anfang an einen Vorrang allein durch die Verehrung, die der Sonne, der Spenderin des Lichtes gilt. Mit ihren Gaben Wärme, Licht und Leben ist sie die Lebensspenderin schlechthin. Und galt das nicht schon bei den Heiden mit ihrem Sonnenkult, mit Helios und dem »Sol invictus«? Was sich im Christentum und in der christlichen Spiritualität ändert, ist der Aufblick von der Sonne zu ihrem Schöpfer hin. Die Sonne selbst ist ein Symbol der wahren Sonne. Mehr noch als die Sonne diente die Gabe des Lichtes zur Benennung des Heilands: er war Licht und Leben und er hat selbst sich so genannt: »Ich bin das Licht der Welt.« Sehr alt sind die Formen der Versammlung beim Sonnenaufgang. Um 112 erwähnt der bithynische Statthalter Plinius in einem Brief die »antelucani conventus«, die vorlichtigen Zusammenkünfte der Christen. Die Verabschiedung des Lichtes war natürlich ebenso selbstverständlich aber eindeutig nachgeordnet. Deswegen werden wir bei der Betrachtung der Vesperhymnen einem ganz anderen Gedanken begegnen, wenn Gregor d. Gr. sie zum Anlass nimmt, an die einzelnen Schöpfungswerke der Genesis zu erinnern.

Es muss gesagt werden, dass es bereits im ausgehenden 5. Jahrhundert eine Reihe von sieben Frühlobhymnen eines unbekannten Dichters gegeben hat. Sie wurden wohl bis ins 9. Jahrhundert gesungen, dann aber durch die Frühlobhymnen der irokeltischen Kirche verdrängt, deren Zusammenstellung wir (wohl) Papst Gregor d. Gr. verdanken (vgl. die Betrachtung der Frühlobhymen im Einzelnen).

Den Versuch, mittellateinische Hymnen zu verdeutschen, gibt es seitdem es geschriebene Dichtung in deutscher Sprache gibt. Luther selbst hat elf Hymnen verdeutscht, von denen acht in seinem Gesangbuch von 1524 erschienen. Als letzte Stufe der liturgiebezogenen Übersetzungsarbeit können die im Zuge der Liturgiereform des Zweiten Vatikanischen Konzils erstellten Hymnenübersetzungen angesehen werden. Um die lateinischen Hymnen weiter singen zu können, war es notwendig, Übersetzungen zu erstellen, die auf die poetische Form des Hymnus Rücksicht nahmen.

Wie bereits erwähnt, stellte dies die liturgischen Übersetzer allerdings vor schwer lösbare Probleme, weil sie viele inhaltliche Feinheiten der dichterischen Form opfern mussten. Die Übersetzungen der zur Betrachtung anstehenden Hymnen sind deswegen Eigenübersetzungen und folgen der Prämisse, möglichst wörtlich den Grundlagentext ohne Rücksicht auf dessen Singbarkeit zu übersetzen.

FRÜHLOBHYMNUS AM SONNTAG

»Aeterne rerum Conditor«

Aeterne rerum conditor, *Noctem diemque qui regis* *Et temporum das tempora,* *Ut alleves fastidium.*	*Du ewiger Schöpfer der Dinge,* *der Du Nacht und Tag lenkst* *und der Zeiten Zeiten schenkst,* *um den Überdruss zu mildern.*
Praeco diei iam sonat, *Noctis profundae pervigil,* *Nocturna lux viantibus* *A nocte noctem segregans.*	*Schon ruft der Herold des Tages,* *der die tiefe Nacht durchwacht hat,* *nächtliche Leuchte den Wanderern,* *trennend Nachtzeit von Nachtzeit.*
Hoc excitatus lucifer *Solvit polum caligine,* *Hoc omnis erronum chorus* *Vias nocendi deserit.*	*Von ihm geweckt, befreit der Morgenstern* *den Himmel von der Dunkelheit,* *durch ihn verlässt der ganze Chor der Irrenden* *die Wege des Schadens.*
Hoc nauta vires colligit *Pontique mitescunt freta,* *Hoc ipse petra ecclesiae* *Canente culpam diluit.*	*Durch ihn nimmt der Seemann seine Kräfte zusammen* *und die Fluten des Meeres beruhigen sich.* *Durch ihn – bei seinem Krähen – lässt sogar der* *Fels der Kirche seine Schuld abfließen.*
Surgamus ergo strenue: *Gallus iacentes excitat* *Et somnolentos increpat,* *Gallus negantes arguit.*	*Stehen wir also entschlossen auf:* *Der Hahn weckt die Liegenden auf,* *schilt die Schläfrigen* *und überführt die Verleugner.*
Gallo canente spes redit, *Aegris salus refunditur,* *Mucro latronis conditur,* *Lapsis fides revertitur.*	*Kräht der Hahn, kehrt die Hoffnung zurück,* *dem Kranken wird Gesundheit zurückgegeben,* *der Dolch des Räubers wird versteckt,* *die gefallen sind, schöpfen wieder Vertrauen.*

Iesu, labentes respice	*Jesus, schau uns Strauchelnde an,*
Et nos videndo corrige,	*uns anblickend richte uns auf!*
Si respicis, lapsus cadunt,	*Wenn Du Dich umschaust, stürzt der Abfall*
Fletuque culpa solvitur.	*vom Glauben, im Weinen löst sich die Schuld.*
Tu lux refulge sensibus	*Du Licht, strahle den Sinnen wieder auf,*
Mentisque somnum discute,	*verscheuche den Schlaf des Geistes,*
Te nostra vox primum sonet	*dich besinge unsere Stimme als erstes*
Et vota solvamus tibi.	*und wir wollen unsere Gelübde für dich einlösen.*

Der Hymnus trägt den Titel »Das Lied vom Hahnenschrei«. Aus der Bezeichnung können wir ersehen, welches des Ambrosius lyrischer Standpunkt ist: der nächtliche Hahnenschrei. Ihm widmete er fünf Strophen, dazu eine erste Strophe, die den ewigen Schöpfer anredet und zwei Schlussstrophen, die Gebete an die wahre Sonne Christus sind.

Die erste Strophe hebt an mit dem Schöpfer der Dinge, beschränkt sich aber auf die Schöpfungstat des ersten Tages, an dem durch den Wechsel von Tag und Nacht die Zeit ins Werk gesetzt wird. Sinn und Zweck dieses Wechsels ist, für eine rhythmische Ordnung zu sorgen, die nicht im Ewig-Gleichen (»fastidium«), sondern im Wechsel – wie beim Atem – Leben ermöglicht.

Die zweite Strophe wählt aus dem Rhythmusgefüge jenen Moment aus, dem der Hymnus gilt: dem Morgen, hier noch – wegen des Hahnenschreis – vor dem Sonnenaufgang und – wie es die letzte Strophe sagt – vor dem Zeitpunkt für das erste Lobopfer (vota).

In der ersten der Hahnenschreistrophen wird der Hahn selbst als Herold des Tages benannt. Wir werden ihn im Dienstagshymnus der Laudes von Prudentius wiederfinden. Übersehen wir nicht das »iam«, das uns stets in einen bereits stattfindenden Vorgang hineinstellt (vgl. das »iam« im Exsultet). Neben dem Titel »Herold«, der den Beginn des Tages ansagt, teilt ihm Ambrosius drei weitere Aufgaben zu: »Wächter«, »nächtliche Leuchte« und »Zerteiler«. Die Nennung als nächtliche Leuchte für den einsamen Wanderer erklärt sich daraus, dass ein Hahn mit seinem Krähen im Dunkel der Nacht eine Orientierung geben kann. Die dritte Nennung meint wohl die Trennung der Nacht in einzelne Abschnitte. Wir wissen, dass die Nachtwachen der Soldaten – und nach ihnen die Nokturnen der nächtlichen Vigil – nach dem Hahnenschrei geordnet waren.

In der dritten und vierten Strophe werden in poetisch kurzer Weise die Wirkungen des Hahnenschreis genannt: zunächst in der Außenwelt. Jede dieser Wirkungen wird mit einem »hoc« eingeleitet. Es entstehen so Halbstrophen mit den einzelnen Wirkungen. Dabei herrscht eine klare durchdachte Form vor:

Entfernung von Schädlichem:
3. Strophe, Zeile 1, 2 »hoc«:

Der Morgenstern wird geweckt. Die Änderung im römischen Brevier hat mit »iubarque solis evocat« die Sonne daraus gemacht.

3. Strophe, Zeile 3, 4 »hoc«:

Die (am Tage nicht sichtbaren) Planeten, die bekanntlich im geozentrischen Weltbild keine kreisförmigen Bewegungen vollziehen, ziehen sich zurück, sind tagsüber nicht sichtbar. Mit dem »viae nocendi« mag Ambrosius auf die Horoskopie der Antike hinweisen, die er für ein verderbliches Unterfangen hält.

In der zweiten Strophe war Ambrosius Blick auf die Erde gerichtet. In der dritten Strophe wandte er sich dem Himmel zu. In der vierten Strophe jetzt wechselt sein Blick aufs Meer. Wir kennen diese drei Bereiche auch von vielen anderen Hymnen dieser Zeit.

4. Strophe, Zeile 1, 2 »hoc«:

Der Seemann (Fischer) auf nächtlicher See schöpft Hoffnung, da die See sich beruhigt.

4. Strophe, Zeile 3, 4 »hoc«:

Den Fischer Petrus erfasst Reue beim Hahnenschrei. Der Zusammenhang mit dem Wasser ergibt sich hier aus Matthäus 26,75: »und ging hinaus und weinte bitterlich«.

Ebenso symmetrisch und parallel verlaufen die fünfte und sechste Strophe, die sich nun um die Wirkungen des Hahnenschreis in unserem Innern beziehen können, und die mit der Mahnung an den sich vom Lager zu Erhebenden eingeleitet werden: »surgamus ergo strenue«. »Strenue« bedeutet: rasch, munter, bereitwillig, entschieden.

In Anlehnung an die erste und zweite Zeile der vierten Strophe kann der Hahn nachhelfen, dass der sich Beter wie der Morgenstern wecken lässt und den Schlummer der Nacht aufgibt. In Anlehnung an die Planeten, die am nächtlichen Himmel herumirren, schilt der Hahn die Schlaftrunkenen. Und der Schadenspfad hat seine Entsprechung in der Verleugnung der Wahrheit, hier sich auf uns als Petrusse beziehend.

In der sechsten Strophe nun zeigt uns Ambrosius die gnadenhaften Wirkungen des Hahnenschreis auf unsere Seele an, indem er Hoffnung weckt, Heilung und Heil bewirkt und gefahrlose Heimkehr ermöglicht. Den (wie Petrus) Gefallenen schenkt der Hahn neuen Mut und neues Vertrauen. Aber der Gallushahn, der hier gemeint ist, ist nicht mehr der äußere der Natur, es ist der innere, der Christus in uns, der die oben genannten Wirkungen bringt. Die »lapsi«, die Gefallenen bzw. die »labentes«, die Strauchelnden fungieren dabei als Scharnier, welches die sechste mit der siebten Strophe verbindet, die nun Jesus anredet. Deswegen ist bei der Anrede »Aeterne rerum Conditor« wohl auch schon Christus selbst gemeint. Hier werden deutlich biblische Motive wachgerufen: Jesus schaut die

Menschen, die er heilt, stets an, er richtet sie auf und er schaut sich nach ihnen um. Es ist genial, wie Ambrosius mit dieser sechsten Strophe gleichzeitig die Überleitung zur siebten Strophe findet, die nun Jesus direkt anredet und hier in der achten Strophe quasi als Schlussakkord wieder ganz zur Lichtthematik der ersten Strophe zurückkehrt:

»Tu lux« – jetzt ist es heraus: Jesus ist das wahre Licht (Johannes 1,9), das jeden Menschen erleuchtet. Ambrosius konkretisiert das in diesem Hymnus: Beide Bereiche werden erleuchtet, die Sinne (»sensibus«) und der Geist (»mentis«).

Welch ein Weg! Mit tiefen Gedanken und schwungvoller Bildsprache steigt Ambrosius von den Erscheinungen der Natur und – den Gleichnischarakter voll ausschöpfend – zu den geistig-seelischen, übernatürlichen Bereichen bis hin zum Sonnenlicht des Christus, mit dem wir uns an diesem Sonntag Sinn und Herz erheben lassen dürfen – zum Beschauen der Natur und zur Beziehung zu Christus als dem Licht der Gnade.

»Ecce iam noctis«

Ecce iam noctis tenuatur umbra
Lucis aurora rutilans coruscat,
Nisibus totis rogitemus omnes
Cunctipotentem.

Seht, schon wird das Dunkel der Nacht geschwächt,
das Morgenlicht blitzt rötlich auf,
mit allen Kräften wollen wir alle wieder und wieder
den Allmächtigen bitten,

Ut Deus nostri miseratus omnem
Pellat languorem tribuat salutem
Donet et nobis pietate Patris
Regna polorum.

dass Gott sich unser erbarme,
alle müde Trägheit vertreibe,
Heil uns zuteile und uns gebe
in seiner Vatergüte das Reich der Himmel.

Praestet haec nobis Deitas beata
Patris ac Nati pariterque sancti
Spiritus, cuius reboat in omni
Gloria mundo. Amen.

Das gewähre der in Allem reiche Gott,
der Vater, der Sohn und der Heilige Geist,
deren Lob und Ehre
in aller Welt und Zeit erschalle. Amen.

Diesen Frühlobhymnus zum Sonntag verdanken wir einem unbekannten Dichter aus dem 10. Jahrhundert. Das römische und monastische Brevier sahen ihn für die Sommerzeit vor, während in der Winterzeit der ausgedehnte Hymnus »Aeterne rerum Conditor« von Ambrosius gesungen wurde. Den vorliegenden prägt besonders seine kurze, nur drei Strophen umfassende Form. Er hat die Gestalt einer Sapphischen Ode, die nach Sappho, einer griechischen Dichterin aus dem 4. vorchristlichen Jahrhundert benannt ist. Die Sapphischen Ode besteht aus drei elfsilbigen Zeilen und einer fünfsilbigen vierten Zeile, dem sogenanten Adoneus. Wir werden dieser Hymnengestalt bei dem Hymnus zum Fest der Geburt des heiligen Johannes wieder begegnen. Es ist aber wichtig zu sehen, dass diese auf Sappho zurückgehende Gestalt in der ganzen Antike tradiert wurde. Von den fränkischen Mönchen wird sie im 9. Jahrhundert wieder aufgegriffen mit dem bedeutsamen Unterschied, dass sie die lateinische Sprache nicht mehr als Muttersprache sprechen, sondern als Fremdsprache in der Schule lernen und sich aneignen.

Der Hymnus hebt an mit einem emphatischen »Ecce«: Schau, sieh her, staune über das, was du gerade siehst: die Schatten der Nacht und das frühe Licht liegen im Kampf, was sich für uns im dämmrigen Hell-Dunkel zeigt. Das Wort »tenuatur« als ein Verb im Passiv zeigt uns an, dass die »umbra«, die Schatten der Dunkelheit nicht von selbst weichen können, sie müssen das Weichen dulden, sie werden dünner gemacht. Das »coruscat« der »aurora lucis« bedeutet so viel wie zitternd sich bewegen, blinken, schimmern, flimmern und ist ein Aktivum: das Licht zehrt am Dunkel, es blitzt rötlich auf.

Aber der Hymnendichter verliert sich nicht in dieser Betrachtung. Nun kann der Mensch sich auch bewegen, einen neuen Aufschwung nehmen. Das Wort »nisus« stammt von »nitor« ab und bedeutet »sich unter Aufbietung aller Kräfte anstrengen«. Diese Kräfte sind uns in der Ruhe der Nacht neu zugewachsen. Mit ihnen können wir uns neu aufschwingen. Mit »nitor« werden auch die Wehen einer Gebärenden ausgesagt. Diesem Bilde folgend, können wir sagen, dass der Sonntagmorgen auch eine Neugeburt ist, eine aus der Nacht zum Lichte, es ist Auferstehungstag. Es geschieht die Neugeburt des Menschen aus nächtlicher Verfinsterung des Todes zu wacher Hingabe an die im Lichte der Auferstehung wieder klar geschaute Welt der Wirklichkeiten. So sind wir alle unterwegs zur freien Höhe des Tages. Aber wir vermögen es nicht allein.

Deshalb wenden wir uns mit dem Hymnendichter in der zweiten Strophe nun an den »Cunctipotens«, an Gott, den Allmächtigen, mit dem die erste Strophe endet, und zwar eben mit den oben genannten »nisibus totis«. Das will besagen, mit allen unseren Kräften, mit denen des Leibes und der Seele. Der Hymnendichter weiß, dass unser erster Aufschwung darin bestehen muss, die Hand auszustrecken nach der Liebe Gottes, ohne die wir nicht auf die Fülle, auf die volle Höhe unserer Freiheit gelangen. Er weiß: Gott, der Allmächtige, hat alles und tut alles und doch fordert er auch uns ganz. Es ist ein geheimnisvolles Ineinander, dass sich in unserem Leben vollziehen will.

Aber in der zweiten Strophe wird diesem »Cunctipotens«, dem Allmächtigen auch die »pietas Patris« gegenübergestellt, die sich unser annimmt. Dann also bestünde unsere »Anstrengung« im Aufblick zum Allmächtigen, in einem Gebet, das seinen Namen nennt, seine Gegenwart herbeiruft, die verbunden ist mit dem »totus«. Aus diesem nisus, der Anstrengungen des Körpers und der Seele meint, entsteht in der zweiten Strophe das Bittgebet: rogitemus. »Rogitare« ist eine besondere Verbform, ein sogenanntes Iterativum. Gegenüber dem einfachen Wort »rogare«, das »rufen, bitten« heißt, meint das Iterativum »wiederholt rufen, bitten«! Das Gebet hat dabei mit dem »Cunctipotens«, mit der Sonne Christus, das Auferstehungsbild vor sich.

Eine doppelte Bitte richten wir mit dem Hymnus an den Allmächtigen: Er vertreibe die Krankheit, verleihe das Heil. Die beiden Begriffe erinnern uns an die »umbra«, die Finsternisse der Nacht und an das »lucis aurora«, das Morgenlicht. Wunderbar, wie die äußeren Erscheinungen auf die Landschaft unseres Wesens bezogen werden. Denn das Endziel aller Wünsche und Bitten um Reinheit und Gesundheit für Leib und Seele sind ja die zu erwartenden »regna polorum«, die Reiche der Himmel. »Languor« meint dann hier besonders unsere Müdigkeit, unsere Erschlaffung, unsere Unlust und Verführbarkeit vor allen Dingen des Leibes, alles was den Aufschwung bindet und hemmt. Nach diesem »salus«, welches das Heil unseres inneren und äußeren Wesens meint, uns am Auferstehungstag, am ersten Tag der Woche auszustrecken, rät uns der Hymnus an. Auf der Höhe des Sonntags mit der Memoria der Auferstehung wird er, der Auferstandene uns das Brot des Lebens und den Kelch des Heiles reichen. Die letzte Bitte: Gib uns nun auch durch die Huld des Vaters das Reich der Himmel. Es ist dies das letzte und höchste Ziel unseres sonntäglichen Aufschwungs. Im Reich der Himmel wird unser sonntäglicher »nisus« zur letzten Ruhe finden. Dort wird die Sonne ganz aufgegangen sein. Bis dahin dürfen wir uns mit dem Morgenrot als Botin bescheiden, aber immerhin: wir leben in der Morgenröte (Christian Schuler). In dieser Zeit dürfen wir die »pietas Patris«, die Liebe des Vaters in der Feier der Liturgie, in seinem Wort »ich bin bei Euch alle Tage bis ans Ende der Welt« feiern.

Wir haben gesehen, dass unser Hymnus alles andere ist als überschwänglich. Im Gegenteil. Es sind schlichte Worte, aber solche, denen immer ein tieferer Sinn zugrunde liegt. Es ist dies ein Vorzug der alten Hymnen: wenige zweckdienliche Wendungen ohne rhetorische Phrase, eben geistliche Lieder der Liturgie.

»Splendor paternae gloriae«

Splendor paternae gloriae,
De luce lucem proferens,
Lux lucis et fons luminis,
Diem dies illuminans,

Verusque sol, illabere
Micans nitore perpeti
Jubarque Sancti Spiritus
Infunde nostris sensibus.

Votis vocemus et Patrem,
Patrem perennis gloriae,
Patrem potentis gratiae;
Culpam releget lubricam.

Confirmet actus strenuos,
Dentem retundat invidi,
Casus secundet asperos,
Donet gerendi gratiam.

Mentem gubernet et regat
Casto, fideli corpore;
Fides calore ferveat,
Fraudis venena nesciat.

Christusque noster sit cibus,
Potusque noster sit fides;
Laeti bibamus sobriam
Ebrietatem Spiritus.

Du Glanz väterlicher Herrlichkeit,
aus Licht Licht hervorbringend,
Du Licht des Lichtes und Quelle des Lichts
Du den Tag erhellender Tag,

Und wahre Sonne Du, brich herein
strahlend mit ewigem Glanze
und den Strahl des Heiligen Geistes
gieße tief in unsere Sinne.

Mit Gebeten rufen wir auch den Vater an,
den Vater ewiger Herrlichkeit,
den Vater mächtiger Gnade;
er verbanne die gefährliche Schuld.

Er bestärke entschlossenes Tun,
den Zahn des Neides mache Er stumpf,
schweres Schicksal mache Er leichter,
Er schenke Gnade zur Tat.

Er steuere den Geist und lenke ihn,
indes der Körper treu und voller Ehrfurcht sei.
Der Glaube brenne voller Glut,
das Gift des Betruges kenne er nicht.

Und Christus sei unsere Speise
und unser Trank sei der Glaube.
Froh wollen wir die nüchterne Trunkenheit
des Geistes schlürfen.

Laetus dies hic transeat:
Pudor sit ut diluculum,
Fides velut meridies,
Crepusculum mens nesciat.

Froh gehe dieser Tag dahin:
die Ehrfurcht sei frisch wie der Tagesanbruch,
der Glaube sei hell wie der Mittag,
Abenddämmerung kenne der Geist nicht.

Aurora cursus provehit;
Aurora totus prodeat
In Patre totus filius
Et totus in Verbo Pater.

Das Morgenrot rückt im Lauf hinauf.
Im Morgenrot gehe auf
der Sohn, der im Vater ganz,
und auch der Vater, der im Worte ganz.

Den vorliegenden Frühlobhymnus am Montag verdanken wir Ambrosius. Er trägt den Titel »in Aurora« und bindet sich dadurch an den eben besprochenen Hymnus auch vom Worte her an. Wir müssen aber bedenken, dass Ambrosius seinen Hymnus nicht speziell für ein Offizium gedichtet hat. Ihm liegt zunächst daran, mit seinem Hymnus ein Bekenntnis zur Dreifaltigkeit abzulegen. Die Einordnung dieses Hymnus in das Offizium nimmt später Gregor d. Gr. vor. Auch dieser Hymnus startet mit der Grenze des Übergangs von Nacht zu Tag und ist mit seinem Vorgänger ganz aufs Licht ausgerichtet. Er hebt in der »Du-Rede« gleich mit einer Begrüßung des Christus an und würdigt ihn mit vier Titeln: Abglanz des ***Vaters***, Licht und Quelle des Lichts, Tag und wahre Sonne. Das ist schon etwas überschwänglicher als »Cunctipotens« und »pietas Patris«. Aber wir bitten in der zweiten Strophe nicht nur darum, dass er selbst sich als wahre Sonne mit seinem ewigen Glanz in uns hinabneige, sondern – »und gieß des ***Heiligen Geistes*** Strahl in unsere Herzen tief« – legen sogleich ein Bekenntnis zur Dreifaltigkeit ab. So zeigt uns der Hymnus den Vater, dessen Abglanz der ***Sohn*** ist, den Sohn, der als Ausstrahlung des Vaters Quelle des Lichtes ist und den Heiligen Geist, um dessen Eingießung der Sohn den Vater gebeten hat.

In der dritten Strophe, vorbereitet durch eine Assonanz »votis vocemus«, verweist uns Ambrosius an den Vater, den Vater ewiger Glorie, den Vater machtvoller Gnade und Huld. Im Vertrauen auf seine Allmacht und seine Gnade dürfen wir alles von ihm her erflehen, was zum Schutz, zum Gedeihen und zum Fruchtbringen eines Lebens aus Gnade zu erheischen ist.

Die Bitten entfalten sich in den folgenden vier Strophen. Auch im Vaterunser ist das so: drei Strophen sind an den Vater gerichtet, vier Strophen enthalten Bitten an ihn. Dabei fällt auf, dass ein Menschenkenner spricht. Am Schluss der dritten Strophe folgt die erste notwendige Bitte: das Freisein von Schuld; hier ist sicher gemeint die Schuld, die aus den unterschiedlichen Formen der Leidenschaften erwächst. Dieser zunächst negativ konnotierten Bitte folgen in der vierten Strophe Bitten, die mit einem positiven Leben konnotiert sind: Anregungen zu guten Werken und eifrigem Tun.

Soll das Bestand haben, dann drohen doch drei Gefahren: von dem Neider, von schlechten Einflüssen von außen und der Herzensträgheit von innen. Neben der Bitte um Schutz steht die Bitte um Förderung des geistlichen Wachstums. Diese Bitten formuliert Ambrosius in der fünften Strophe. Unseren Geist, den Verstand und Willen möge der Vater zum rechten Ziele lenken und leiten. Vorbedingung dafür ist die Bereitschaft des Leibes, sich der Vernunft zu unterstellen und in Treue ihm zu folgen. Das wiederum wird nur dann der Fall sein, wenn ein warmer Glaube uns beseelt. Diesem Glauben darf deshalb nicht trügerische Häresie beigemischt sein. Diese hatte ja der heilige Ambrosius mit seinem Kampf gegen den Arianismus besonders ins Auge gefasst.

Aber da das Gnadenleben Nahrung braucht, richtet nun die sechste Strophe die Bitten an Christus, er möge unsere Speise sein – »Ich bin das Brot des Lebens« (Johannes 6,35) –, und unseren durst stillen – »wer an mich glaubt, wird nie mehr Durst haben« (Johannes 6,35). Ambrosius setzt mit der paradoxen Formulierung der »sobriam ebrietatem«, der nüchternen Trunkenheit, in der Strophe ein erneutes Zeugnis für die heilige Dreifaltigkeit.

Einen Geniestreich besonderer Art bilden die Strophen sieben und acht als Schlussstrophen. In ihnen bindet der Dichter die Bitten an die Phasen des Tages, der nach dem Singen des Hymnus beginnt: infolge der aus den Bitten eröffneten, erhofften Segnungen möge der Tag ein fröhlicher sein, da er froh ist aus der Freude am Heiligen Geist. Der Jungfräulichkeit des Morgens entspreche unsere Haltung der Ehrfurcht, die Lichterfülle des Mittags erinnere an den Glauben im Licht und der Geist möge keine Abenddämmerung kennen. In der Erfüllung der drei Bitten, die dem Tag zugeordnet sind, liegt alles eingeschlossen, was wir uns nur wünschen mögen.

Freudig verkündet der Sänger in der letzten Strophe: das Frührot rückt im Lauf hinauf. Mit ihm möge nun auch hervortreten der Gottessohn in seiner Lichtfülle, der eins mit dem Vater ist, wie der Vater eins mit dem Sohn ist. Der Hymnus, der wieder in der wunderbaren Vermischung von Natur und Gnade besticht, schließt mit einem kräftigen Bekenntnis zur Dreifaltigkeit und gegen den Arianismus jener Zeit.

»Ales diei nuntius«

Ales diei nuntius	*Der geflügelte Bote des Tages*
Lucem propinquam praecinit;	*ruft das nahe Licht aus.*
Nos excitator mentium	*Schon ruft uns Christus,*
Iam Christus ad vitam vocat.	*der unseren Geist aufweckt, zum Leben;*
»Auferte«, clamat, »lectulos	*»Schafft«, ruft er, »die Betten weg,*
Aegros, soporos, desides,	*die krank, schläfrig und träge machen.*
Castique recti ac sobrii	*Als Reine, Rechtschaffene und Nüchterne*
Vigilate! Iam sum proximus«.	*bleibt wach. Schon bin ich nahe.«*
Jesum ciamus vocibus	*Rufen wir Jesus mit unserer Stimme zu Hilfe,*
Flentes, precantes, sobrii;	*weinend, bittend, nüchtern.*
Intenta supplicatio	*Zielgerichtetes Bittgebet*
Dormire cor mundum vetat.	*lässt das reine Herz nicht schlafen.*
Tu, Christe, somnum disice,	*Du, Christus, zerstreue den Schlaf,*
Tu rumpe noctis vincula,	*Du, zerbrich die Fesseln der Nacht,*
Tu solve peccatum vetus	*Du, löse die alte Schuld*
Novumque lumen ingere.	*und neues Licht gieße in uns ein!*

Uns erwartet nach unbekanntem Dichter für den Sonntagshymnus der Sommerzeit, nach dem bekanntem Dichter Ambrosius für den Hymnus am Sonntag und Montag für die nächstfolgenden drei Tage mit Prudentius ein Zeitgenosse von Ambrosius. Er dichtete allerdings nicht wie Ambrosius von Mailand mit pastoralem Eifer, sondern als spanischer Laientheologe einen eher lehrhaften »hymnus matutinus« von 28 Strophen, in dem uns der Morgen wie bei Homer, Vergil oder Horaz ganz sinnlich vor Augen geführt wird. Nebel und Dunkelheit weichen, die Strahlen der Sonne reißen den Vorhang der Nacht auf. Die Dinge werden ans Licht gehoben, sie erhalten ihre Farbigkeit wieder. War der Morgen dort schon eine Gebetszeit, so im christlichen Horizont noch mehr. Die Morgenfrühe ist der Aufgang des Christus: Christus kommt (vergleiche Hymnus am Mittwoch); nicht mehr Eos oder Sol werden verehrt, nein, Christus ist es, dem die nächtlichen Schatten zu weichen haben.

Dieser Hymnus ist nun eine Auswahl aus dem »hymnus matutinus« des Prudentius, ein sog. »Cento«, welches wir Gregor d. Gr. verdanken. Er wählt Strophen und Zeilen aus, stellt sie neu zusammen und schenkt uns damit die Morgenhymnen vom Dienstag, Mittwoch und Donnerstag. Wie treffend es Gregor gelungen ist, seine Auswahl und seine Zusammenstellung doch zu einem einheitlichen Ganzen zu fügen, wird sich zeigen.

Den Hahn, mit dem Prudentius beginnt, kennen wir natürlich aus dem Laudeshymnus »Aeterne rerum Conditor« des Ambrosius. Er wird als lautschreiender und geflügelter Herold des nahenden Sonnenlichts uns vor Augen gestellt. Aber Prudentius führt uns gleich vom Sinnbild zum himmlischen Boten, der die Herzen weckt (»excitator mentium«), zum Leben im Licht ruft. Die Korrespondenz von Sinnbild (erste Zeile und zweite Zeile) und Vorbild (dritte und vierte Zeile) geht sogar zeilenweise auf.

Die zweite Strophe eröffnet Prudentius gleich mit dem dringlich und lauten Ruf des Herzens- und Geisteserweckers. Was ist fortzuschaffen? Ein Bett, welches Schläfrigkeit und Trägheit Vorschub leistet. Wenn dies weggeschafft ist, kann Leben entstehen, zu dem Christus ruft. Den drei Gefährdungen werden drei Tugenden entgegengestellt: Reinheit, Rechtschaffenheit, Nüchternheit.

Zum anfänglichen »auferte«, »erhebt euch«, gesellt sich zum Ende der Strophe das »vigilate, iam sum proximus«. Wer hört da nicht Paulus (Römer 13,11.12) mit, wenn er spricht: »Iam hora est de somno surgere, nox praecessit, dies autem appropinquavit«, »schon ist die Stunde da, aufzustehen vom Schlaf, die Nacht ist vorgerückt, der Tag aber nahe herbeigekommen«. Dabei weist das »proximus« des Vorbildes Christus zurück auf das »propinquam« des Sinnbildes. Der Rückverweis manifestiert sich im Wortspiel.

Im zweiten Teil fordert uns Prudentius auf, der Mahnung entsprechend zu Christus zu rufen. Er benutzt das Wort »cieo«, was so viel bedeutet wie »dringend anrufen, mit Tränen der Rührung, mit der Lauterkeit des Herzens und mit einer wachen Andacht«. Und wie die Aufforderung es wünscht, so das Gebet der Schlussstrophe. Ihr Inhalt ergibt sich aus dem vorhergehenden: Du, Christus verscheuche den Schlaf des Schlummers, Du, brich die Fesseln der Nacht, Du, löse die alte Schuld der Sünde. Gibt es eine passendere Bitte beim Aufgehen des Sonnenlichts als die, mit der er seinen Hymnus abschließt: »und neues Licht gieß ein«? Erfüllt doch gerade das aufgehende Sonnenlicht in seinem natürlichen und gnadenhaften Verständnis diese Bitte!

FRÜHLOBHYMNUS AM MITTWOCH

»Nox et tenebrae et nubila«

Nox et tenebrae et nubila, *Confusa mundi et turbida,* *Lux intrat, albescit polus,* *Christus venit; discedite!*	*Ihr, Nacht und Finsternis und* *verworrener und trüber Nebel der Welt,* *das Licht kommt herein, der Himmel wird hell,* *Christus kommt. Haut ab!*
Caligo terrae scinditur *Percussa solis spiculo,* *Rebusque iam color redit* *Vultu nitentis sideris.*	*Durchstoßen vom Pfeil der Sonne* *spaltet sich das Dunkel der Erde,* *und schon kehrt im Angesicht des strahlenden Gestirns* *zu den Dingen die Farbe zurück.*
Te, Christe, solum novimus, *Te mente pura et simplici* *Flendo et canendo quaesumus,* *Intende nostris sensibus.*	*Dich nur, Christus, kennen wir allein,* *Dich bitten wir mit reinem und schlichtem Geist,* *weinend und singend:* *Wende Dich unseren Sinnen zu.*
Sunt multa fucis illita, *Quae luce purgentur tua;* *Tu, lux Eoi sideris,* *Vultu sereno illumina.*	*Vieles ist mit Schminke bestrichen,* *durch Dein Licht möge es gereinigt werden.* *Du Licht des morgendlichen Gestirns,* *bring Licht mit heiterem Blick.*

Die Gestalt auch dieses Hymnus für die Laudes am Mittwoch ist durch die ordnende und subtil auswählende Hand Gregors des Großen aus dem 28-strophigen Kathemerion des Prudentius entstanden, mit dem er sein zweites Buch eröffnet. Durch die Teilung des Hymnus in je zwei Strophen, die einmal die Natur und das andere Mal die Bitten enthalten, liegt doch ein einheitliches Lied vor. Die Auswahl und

Kürzungen sind eigentlich nur noch mit dem wissenschaftlichen Auge erkennbar.

Prudentius führt uns den Morgen mit einer für einen Frühlobhymnus überraschend düsteren Schilderung vor. Umso größer ist die Überraschung, wenn wir in der dritten und vierten Zeile erkennen, dass er der Nacht, dem Dunkel, dem Nebel zuruft: »Fort mit euch, haut ab!« Denn das Licht tritt ein, der Pol wird hell und Christus kommt. Aber haben wir eigentlich bemerkt, dass Prudentius mit der Nennung der natürlichen Sonne zugleich die symbolische Bedeutung mit hineinspricht: Christus kommt, das Licht kommt, die Sonne kommt, die wahre Sonne Christus kommt. Hier wird deutlich, wie sehr die Lichttheologie des Johannesevangeliums in der Kultur des lichtfreudigen Südens Widerhall gefunden hat. Nur wenige Jahre vor der Entstehung des Hymnus war 325 das »lumen de lumine« ins Credo übernommen worden. Und war nicht auch das Geburtsfest des Christus – dem folgend – auf den Festtag des »sol invictus« gelegt worden? Doch ist die Ankunft des Christus hier nicht politisch oder kosmologisch vorgestellt, nein, für den Morgenbeter ist die Ankunft des Christus nur mental sinnvoll, eine Ankunft in der Welt des Geistes und des Herzens!

Und so sind denn im Rückblick auch die in den ersten zwei Zeilen genannten Schilderungen nur scheinbar Natur, sie sind Schilderungen der menschlichen Natur, sind Schilderungen des Verhältnisses im Innern und so ist das Erscheinen des Christus als eine Epiphanie zu deuten, mit der alles Obskure und Konfuse, aller Lug und Trug zu verschwinden haben! Und in der Tat, die zweite Strophe zeigt, wie schnell das »Haut ab« Wirkung zeigt: auf der Erde wird das Dunkel gespalten durch einen Pfeilstich der Sonne. Ist das nicht so, wenn wir einem Sonnenaufgang beiwohnen, dass die Sonne wirklich mit einem Stich beginnt? Und da sich nun am Himmel weißes Licht zeigt, erscheinen die Dinge wieder in ihrer echten Farbe, weil das funkelnde Gestirn sie anblickt.

Genial also, wie bei Prudentius Naturerscheinung und ihre symbolische Bedeutung kaum zu unterscheiden sind! Nun beginnen mit der dritten Strophe die zwei Strophen, die an Christus gerichtet sind und deswegen in Beziehungsrede – übrigens war ja schon die erste Strophe Beziehungsrede – formuliert sind. An der Spitze steht das durch das reine Glaubenslicht beförderte Bekenntnis: Dich nur, Christus, kennen wir allein. Die folgenden Bitten – einfach genial – rückbeziehen sich auf die Schilderungen der zweiten Strophe. So wie in Strophe zwei das Dunkel gespalten wird durch den Strahl der Sonne, so möge das Christuslicht tief in unsere durch die Nacht verdunkelten Sinne eindringen. Und so wie die Sonne den Dingen ihre Farbe zurückbringt, so bitten wir, dass Christus unsere durch Schminke verstellte und entstellte eigentliche persönliche Farbe wiederherstellen möge. Und so, wie die Farbe durch den heiteren Blick der Sonne wiederkehrt, so möge durch den heiteren Blick des Heilands gar alles in uns erleuchtet werden.

Das Epitheton »lux Eoi sideris« verlangt noch nach Erklärung. Die Hymnenkorrektur nach dem Zweiten Vatikanischen Konzil hat es geändert in: »Tu vera lux caelestium«. War »Eoi« den Korrektoren zu pagan? »Eous« ist die lateinische Fassung des griechischen »Eos«. Es bezeichnet die Morgenröte und »sidus Eoi« bezeichnet das Gestirn der Morgenröte (das ist nicht der Morgenstern!), das Gestirn im Gefolge der Morgenröte ist die Sonne, das Morgenlicht, dem das Morgenrot des Eous sein Dasein und seine Röte verdankt. Mit dieser tröstlichen Bitte, die durch ihren Gleichklang mit der vierten Zeile der zweiten Strophe noch einmal die symmetrische Gestalt des vierstrophigen Hymnus zum Klingen bringt, schließt das wunderbare Frühloblied des Prudentius für den Mittwoch.

FRÜHLOBHYMNUS AM DONNERSTAG

»Lux, ecce, surgit aurea«

Lux, ecce, surgit aurea! *Pallens facessat caecitas,* *Quae nosmet in praeceps diu* *Errore traxit devio.*	*Schaut, goldenes Licht steigt auf.* *Die farblose Blindheit entferne sich schnell,* *die uns schon lange mit abwegigen Irrtum* *in die Tiefe gezogen hat.*
Haec lux serenum conferat *Purosque nos praestet sibi:* *Nihil loquamur subdolum,* *Volvamus obscurum nihil.*	*Dieses Licht bringe heitere Stimmung* *und mache uns rein für sich.* *Wir wollen nichts Hinterlistiges reden,* *nichts Heimliches planen.*
Sic tota decurrat dies, *Ne lingua mendax, ne manus* *Oculive peccent lubrici,* *Ne noxa corpus inquinet.*	*So fließe hin der ganze Tag,* *damit die Zunge nicht beim Lügen, damit die Hände* *oder Augen nicht beim Planen sündigen,* *damit nicht schädliches den Leib beschmutze.*
Speculator astat desuper, *Qui nos diebus omnibus* *Actusque nostros prospicit* *A luce prima in vesperum.*	*Ein Wächter ist von oben her dabei,* *der an allen Tagen uns* *und unsere Taten vom ersten Tageslicht* *bis in den Abend fürsorglich im Auge hat.*

Wie die Gestalt des Frühlobhymnus vom Mittwoch ist auch die des Hymnus vom Donnerstag als Auswahl Gregors d. Gr. aus dem 28-strophigen Hymnus des Prudentius entstanden.

Der den ganzen Hymnus beseligende Gedanke ist die Freude über das Licht, welches die Düsternis – innen und außen – vertreibt und Klarheit, Wahrheit und Heiterkeit schafft. Dieser Grundzug der Freude lässt den Hymnus – nicht wie am Mittwoch »discedite – haut ab!« – mit dem Dunkel beginnen, sondern mit der Freude darüber, dass das Licht die hässlichen Seiten der Nacht schon vertrieben hat. Die hässlichste Seite: unsere Blindheit! Sie wird gleich ins Bild gerückt, eine Blindheit des inneren Auges, die uns auf die Abwege des Irrtums gezogen hat.

Wie schon in den anderen Frühlobhymnen bemerken wir auch hier, wie selbstverständlich Prudentius Natürliches und Geistiges, Äußeres und Inneres, Natürliches und Übernatürliches in seiner Vorstellung verbindet und er ohne Probleme von einem zum anderen springt.

Wir haben hier ein besonders eindrucksvolles Beispiel vor uns: der Dichter spricht in der ersten Zeile von der natürlichen Sonne, in der zweiten Zeile spricht er nicht etwa von der durch diese natürliche Sonne vertriebenen Dunkelheit der Nacht und deswegen auch nicht von einer körperlichen Blindheit, sondern gleich von der geistigen Blindheit des Unglaubens der übernatürlichen Seele. Wie wichtig dieser wahre Glaube ist, hat uns schon Ambrosius in seinen Hymnen aufgezeigt.

Deswegen fährt nun der Dichter gleich fort und zeigt uns in der zweiten Strophe, was der wahre, durch das Licht erleuchtete Glaube für Wirkungen zu zeitigen vermag.

Aber kann denn das »haec lux«, dieses Licht, das sich auf das in der ersten Zeile genannte natürliche Licht bezieht, wirklich uns für den Herrendienst reinmachen? Uns dazu bringen, List und Trug in Wort und Tat zu meiden? Nein, verständlich werden diese Bitten nur vor dem Hintergrund, dass diesem Licht das Licht, welches Christus ist, unterlegt ist. Auch hier erfahren wir so klar wie selten, wie tief das Licht der Sonne Symbol des Christus war, sodass auch hier der Sprung von Natur zu Geist und umgekehrt möglich wird. »Haec lux« ist also hier deutlich das »vera lux«, das wahre Licht. Wir sehen das übrigens auch daran, dass im Hymnus nirgends die Bezeichnung »Christus« gebraucht wird. Ob wir das heute noch können, Natur und Geist so zusammen zu sehen?

Der zweite Teil des Hymnus, die dritte und die vierte Strophe, gilt der Bitte, dass der ganze Tag in diesem Licht der Christus-Gnade stehen möge.

In diesem Gnadenlicht mögen wir Mund, Hand, Auge und Leib den Tag lang bewegen und uns von ihm leiten lassen. Dabei mag uns auffallen, dass die Bitten der dritten Strophe genau den Formulierungen der zweiten Strophe entsprechen: war dort von dem Wort die Rede, so hier von der Zunge, war dort von den Planungen der Sinne die Rede, so hier von Mund und Hand.

Die letzte Strophe bringt mit »speculator«, »Wächter«, einen neuen Terminus, der wie »lux« wieder Vorbild und Symbol einfach verbindet: so wie die Sonne den ganzen dauernden Tag überstrahlt, so sei auch Christus, das Gnadenlicht, unser Wächter. Dabei denkt der Dichter bei »speculator« wohl weniger an den Späher und Richter, als an den himmlischen Beschauer, der liebevoll mit dem wohlgefälligen Blick des Schöpfers auf sein Werk herabblickt (»prospicit«). Wie die Sonne das Leben ermöglicht, so möge der »speculator« Heil uns erwirken.

Man mag in dieser Strophe sogar auch einen Gedanken aufs Ende hin erblicken: möge doch unser Leben aus der Nacht der Welt und nach dem Abend des Lebens in den lichten Morgen der Ewigkeit münden. Welch feines Ende für die von Gregor zusammengestellten Prudentiusverse!

FRÜHLOBHYMNUS AM FREITAG

»Aeterna caeli gloria«

***A**eterna caeli gloria,*
***B**eata spes mortalium,*
***C**elsi Tonantis Unice*
***C**astaeque proles virginis!*

***D**a dexteram surgentibus,*
***E**xsurgat et mens sobria*
***F**lagransque in laudem Dei*
***G**rates rependat debitas.*

*(**H**)ortus refulget lucifer*
***I**psamque lucem nuntiat;*
***K**adit caligo noctium,*
***L**ux sancta nos illuminat.*

***M**anensque nostris sensibus*
***N**octem repellat saeculi*
***O**mnique fine diei*
***P**urgata servet pectora.*

***Q**uaesita iam primum fides*
***R**adicet altis sensibus;*
***S**ecunda spes congaudeat;*
***T**unc maior exstat caritas.*

Du ewige Herrlichkeit des Himmels,
Du selige Hoffnung der Sterblichen,
Du, des erhabenen Donnerers Einziger,
Du, der reinen Jungfrau Spross.

Gib Deine Rechte den Aufstehenden,
es stehe auch ein nüchterner Geist auf,
und glühend erstatte er zum Lobe Gottes
die geschuldeten Dankgebete.

Der aufgegangene Morgenstern erstrahlt
und kündigt das Licht selbst an,
es fällt die Dunkelheit der Nacht,
heiliges Licht erleuchtet uns.

Verbleibend in unseren Sinnen,
vertreibe es die Nacht der Welt
und bewahre an jedem Tagesende
unsere Herzen rein.

Als erstes möge der Glaube
tief in uns wurzeln
als zweites freue sich die Hoffnung mit,
dann ersteht umso größer die Liebe.

Den Frühlobhymnus für den Freitag verdanken wir Papst Gregor d. Gr. Er wählt für seinen Hymnus die besondere Form des Abecedars: die Verszeilen beginnen mit den Buchstaben des Alphabets in der gebräuchlichen Reihenfolge. Wir kennen das Abecedar aus dem Psalm 119 und werden mit dem Hymnus von Sedulius zu Weihnachten einem weiteren Hymnus dieser Art begegnen.

Gregors Blick geht zum Himmel und er redet grüßend gleich seine ewige Herrlichkeit an: wer das genau ist, wird noch nicht gesagt, aber geahnt: Christus das ewige Licht. Gregors Blick geht zur Erde und er redet grüßend gleich die beseligende Hoffnung der Sterblichen an: wer das genau ist, wird noch nicht gesagt, aber geahnt: Christus die Hoffnung der Menschen. Wieder den Blick aufwärtsrichtend wird Gregor konkret: des Himmels Zier ist mit einer kleinen Jupiterassonanz der eingeborene Sohn des höchsten »Donnerers«. Wieder den Blick erdwärts richtend wird Gregor konkret: der Erde Hoffnung ist der Spross der Jungfrau Maria. Gregor ist wie Prudentius in der Lage, das Vorbild und das Abbild in eins zu sehen. Er richtet also vertrauensvoll seine in den folgenden Zeilen formulierten Bitten an den erhabenen und zugleich huldvoll sich den Menschen zuwendenden Lichtspender.

Mag uns auffallen, dass zwei Zeilen mit dem Buchstaben C beginnen, statt mit D fortzufahren? Da wollen wir näher hinschauen. In diesen zwei Zeilen wird eine Person in zwei Vocativen angeredet: »proles« (Sohn, Spross) und »Unice« (Einziger). Zu diesen Vokativen gehören zwei Genitive: »Celsi Tonantis« (des Höchsten) und »castae(que) virginis« (der Jungfrau). Beide Genitive beginnen mit dem Buchstaben C. Damit erinnert Gregor also auf höchst poetische Weise an die Einheit zweier Naturen. Gott und Mensch in der einen göttlichen Person. Da stimmt die äußere Form mit der inneren Aussage überein!

Die erste Bitte: »Beim Aufstehen gib uns die rechte Hand.« Die rechte Hand ist in der christlichen Symbolik die Hand der Tat. Bis zur Zeitenwende im 14./15. Jahrhundert vom Mittelalter in die Neuzeit sieht man von Gottvater immer nur die rechte Hand aus der Wolke. Da klingt also auch in den Zeilen des Hymnus unsere Perspektive an, als Gläubige an der Auferstehung teilzuhaben, so wie es auf der Anastasisikone der Ostkirche zu sehen ist, auf der Adam von der Rechten des Auferstandenen aus dem Schlaf des Todes ins himmlische Licht gezogen wird. Hier wird deutlich, wie sehr der Auferstehungsmorgen den Goldgrund für den Hymnus zur Laudes bildet. Die Hilfe beim Aufstehen eines nüchternen Geistes hat zum Ziel, dass auch der Geist sich frisch erhebe und zu seiner vornehmsten Aufgabe bereit sei: für das Lob- und Danklied. Hier deutet Gregor an, dass unsere tägliche Übung schon Vorbereitung ist auf das Tun in der überzeitlichen Wirklichkeit.

In der dritten Strophe ist inzwischen der Morgenstern als Vorbote der Sonne erschienen und kündet als Herold das wahre Licht an, vor dem Nacht und das Dunkel fliehen und – Innen und Außen sind nicht zu trennen – auch das Dunkel der Seele fliehe, damit das heilige Licht uns erleuchte und in uns Platz greifen kann. Dieses heilige Licht nun möge beglückend wirken. Diesen Wirkungen gehören die beiden folgenden Schlussstrophen. Die Bitte um bleibende Anwesenheit, damit kein Platz sei für Weltenlust. Die Bitte, dass dieses Licht wie ein wachsamer Schutzengel sei, der über den ganzen Tag bis zu seiner Neige dieses heilige Licht für die Herzen bewahre.

Wenn wir nun mit Hilfe des heiligen Lichtes den Gefährdungen zu trotzen vermögen, dann ist freie Bahn für das Wachsen und Früchtebringen der drei Tugenden von Glaube, Hoffnung und Liebe, denen die letzte Strophe gehört.

Zunächst wird ein tiefwurzelnder Glaube erfleht, in den hinein Hoffnung einzieht und auch die Liebe sich von diesem heiligen Licht in hellerem Schein zeigen kann. Und ist uns gar die kleine Vorsilbe »con« von »congaudeat« aufgefallen? Dass also die Tugenden nicht nebeneinander agieren, sondern dass die Hoffnung Begleiterin des Glaubens sei und dass das »major« der Caritas, der Liebe, aus den je tieferen Tugenden des Glaubens und der Hoffnung entsteht, ist sie doch nach Paulus die größte der drei.

Der Aufbau und der Gang der Gedanken des freitäglichen Frühlobliedes ist wunderbar klar und alles entwickelt sich folgerichtig und psychologisch feinfühlig. Das Abecedar ist da dann konsequent das äußere Kennzeichen dieser Entwicklung – so stimmen sogar selbst im gesamten Hymnus Außen und Innen zusammen!

FRÜHLOBHYMNUS AM SAMSTAG

»Aurora iam spargit polum«

Aurora iam spargit polum,
Terris dies illabitur;
Lucis resultat spiculum,
Discedat omne lubricum!

Das Morgenrot sprengt schon den Himmel,
auf die Erde kommt der Tag,
der Pfeil des Lichtes prallt zurück,
es weiche alles Schlüpfrige.

Phantasma noctis decidat,
Mentis reatus subruat;
Quidquid tenebris horrida
Nox attulit culpae, cadat,

Das Trugbild der Nacht schwinde hin,
die böse Tat des Geistes stürze nieder.
Es falle, was die durch Finsternis schaurige
Nacht an Schuld gebracht.

Ut mane illud ultimum,
Quod praestolamur cernui,
In luce nobis effluat,
Dum hoc canore concrepat.

Damit jener letzte Morgen
– wir warten darauf mit geneigtem Haupt –
im Licht für uns verläuft,
während er von diesem Gesang tönt.

Mit nur drei Strophen ist der letzte Frühlobhymnus auch der kürzeste. Zwei Verspaare der ersten Strophe sind Stimmungsbilder des Morgenlichtes. Die erste Zeile blickt zum Himmel, die zweite zur Erde, die dritte zum Himmel, die vierte zur Erde. Hier aber hat sich schon mystisches Denken in die Schilderung der Natur eingeschlichen. Das »discedat« kennen wir von Prudentius. So macht schon die erste Strophe klar den Dichter kenntlich: es ist wieder Papst Gregor d. Gr. Die zweite Strophe bestätigt dieses nur: kurz und bündig zählt Gregor auf, was sich aus der Seele nach der Nacht beim Erscheinen des Lichtes entfernen müsse (»discedat!«): Trugbilder der Nacht, Schuld, Sünde des Geistes. Erst dann werden wir auf jenen letzten Morgen mit Vertrauen schauen und ihn erwarten dürfen, der Ströme des Lichts über uns ausgießen möge und an dem das überzeitliche Loblied erschallen möge. Das eben Gesungene qualifiziert Gregor als Vorspiel aus dem Diesseits.

In der dritten Strophe haben sich humanistische und nachkonziliare Korrektoren bemüßigt gefühlt, Änderungen vorzunehmen. In der Tat verlangt der Hymnus Übersetzern einiges ab. An einer Stelle möge es gestattet sein, diese Schwierigkeiten darzustellen. Den Übersetzern macht das »quod« der zweiten Zeile etwas zu schaffen. Wenn wir das Wort als Relativpronomen auf das eindeutige Subjekt »mane« beziehen, dann würde es bedeuten, dass der Gegenstand unseres Flehens das letzte Morgengrauen ist, welches aber eher das Jüngste Gericht assoziiert. Das liegt aber von dem, was wir inzwischen von Gregors Intentionen wissen, nicht in seiner Absicht. Sinnvoller erscheint das »quod« erst, wenn wir es als Parenthese verstehen und das »quod« auf den vollständigen Satz beziehen: Wie dann jenes letzte Morgengrauen volles Licht uns bringt, was wir sehnsüchtig erhoffen. Diese Hoffnung ist deswegen nicht trügerisch, da der jetzige Frühmorgen vom Lobe Gottes erfüllt ist.

Was nun rückblickend auffällt, ist, dass dieser Hymnus der einzige ist, der das Ende unserer Tage in den Blick nimmt. Da wir diesen Blick aufs Ende auch beim Vesperhymnus des Samstags finden (»lasst uns Dich preisen mit Deinen Engeln ewiglich«) bestätigt dies unsere Vermutung, dass diese ganze Reihe der Frühlobhymnen von Gregor d. Gr. zielbewusst und sinnvoll geordnet ist. Er nimmt für die ersten fünf Tage der Woche was er an Frühlobhymnen von Qualität bei seinen Vorbildern Ambrosius und Prudentius vorfindet und fügt als Verfasser, der auf Kontinuität bedacht ist und deutlich den Spuren seiner Vorbilder folgt, weitere hinzu und fasst hier am Samstag die in den Liedern ausgesungenen Ideen zusammen und krönt sie im Samstagshymnus mit dem Ausblick in die überzeitliche Welt des vollen Lichtes. Beim genauen Hinsehen liegt statt eines auf den ersten Blick als Sammelsurium erscheinenden Werkes ein Kunstwerk aus sieben Juwelen vor.

Die Hymnen für das Abendlob (Vesper)

Es ist klar, dass der geistlich ausgerichtete Mensch weit mehr dem Morgen mit dem anbrechenden Licht Aufmerksamkeit schenkt als dem Abend. Aber auch ihm wird schon seit alters eine Zeit bestimmt, um auch durch das abnehmende Licht die Augen über das Sichtbare hinaus zu führen. So nehmen Morgen und Abend den ältesten und ehrwürdigen Platz im Stundengebet ein. Erster Zeuge dafür ist Eusebius von Cäsarea († 339).

Es gibt zwei Gruppen von Vesperhymnen. Aus altbenediktinischer Zeit sind uns Hymnen überliefert, die neben dem Anzünden des Lichtes beim zur Neige gehenden Tag (»Lucernar«) auch schon den Charakter eines Nachtgebetes in ihren Strophen annehmen. Es ist deswegen durchaus möglich, dass die Vesper zunächst aus einem zweifachen Offizium bestand, aus dem eben erwähnten Luzernar und einer »Duodecima«, einem Gebet zur zwölften Stunde. Der heilige Benedikt trennte beide durch die Schaffung der Komplet, mit der er dann auch in Anlehnung an Psalm 119,164 die Siebenzahl der Tagesgebete einsetzte (Regel Benedikts 16,1).

Ganz anders gestimmt sind die Vesperhymnen aus der gregorianischen Gruppe, die über die Irokelten ins Frankenreich gelangen. Sie besingen mit dem einheitlichen Thema der Schöpfung das Sechstagewerk des Schöpfers. In ihnen wird kein Bezug mehr zur Nacht bzw. zur Nachtruhe genommen.

Durch die Schaffung der Komplet durch Benedikt rückt dann die Vesper endgültig zeitlich weiter nach vorn. Sie, die einst eben auch Nachthymnus war, wird nun in den Tag gerückt und feierlich begangen, während die Komplet bei Benedikt im Schlafsaal gehalten wurde.

Gregors verdienstvolle Tat besteht darin, für die nun veränderte Gestalt des Tagesablaufs für jeden Wochentag einen eigenen Vesperhymnus geschaffen zu haben, dessen Ziel es war, am Abend jeden Tages sich die Großtaten in Erinnerung zu rufen, wodurch der Schöpfer seine Macht, Weisheit und Güte bekannt gemacht hat. Durch diese Tat hat Gregor gleichzeitig bewirkt, dass der Rhythmus der Woche als Erinnerung an die sechs Schöpfungstage liturgisch hervortritt und gewürdigt wird.

Die Grundstruktur der Hymnen ist immer die gleiche: die Hymnen, stets in Beziehungsrede gehalten, nehmen ihren Ausgang von den Schöpfungswerken an jedem Tag entlang der Genesis. Nach knapp geschilderter Schöpfungstat, in der Gregor dem Schöpfer selbst berichtet, was er tut, werden Bitten angefügt, die nun nicht mehr auf die Nachtruhe abzielen, sondern durch ihre symbolisch-geistliche Deutung des Naturereignisses Früchte für das geistliche Leben des Sängers vom Schöpfer erbitten.

»Lucis Creator optime«

Lucis Creator optime Lucem dierum proferens, Primordiis lucis novae Mundi parans originem,	*Bester Schöpfer des Lichtes Du, Du bringst das Licht der Tage hervor, durch den ersten Anfang des neuen Lichtes rufst Du die Welt zu ihrem Beginn.*
Qui mane iunctum vesperi Diem vocari praecipis: Taetrum chaos illabitur; Audi preces cum fletibus.	*Du ordnest an, dass der mit dem Abend verbundene Morgen Tag genannt wird, – das grausige Chaos bricht zusammen – höre unsere mit Weinen vorgebrachten Bitten.*
Ne mens gravata crimine Vitae sit exsul munere, Dum nil perenne cogitat Seseque culpis illigat.	*Dass nicht der Mensch, durch Schuld beschwert, verbannt sei von der Aufgabe des Lebens, wenn er nichts Ewiges mehr denkt und sich in Schuld verstrickt.*
Caelorum pulset intimum, Vitale tollat praemium; Vitemus omne noxium, Purgemus omne pessimum.	*Am innersten Himmelstor poche er an, er raube sich den Lebenspreis; alles Schädliche wollen wir meiden, alles Schlechte wegschaffen.*

Gott sprach: Es werde Licht. Und es wurde Licht. Gott sah, dass das Licht gut war ...« (Genesis 1,3–4). So beginnt die geniale Kosmologie der Bibel als mythisch-poetische Erzählung. »Ich glaube an Gott, den Vater, den Allmächtigen, Schöpfer des Himmels und der Erde ...«. So beginnt das Credo. Dieser Text ist Ergebnis einer langen Geschichte des Werdens. Er hat seinen eigentlichen Platz in der gottesdienstlichen Feier.

Der Dichter des vorliegenden Hymnus, wohl Papst Gregor d. Gr., geht an den in beiden Texten vorgestellten Sachverhalt ganz anders heran. Er beginnt wie es sich für den Hymnus geziemt mit der persönlichen Anrede »Du«. Er kennt ihn aus den unmittelbaren Erfahrungen seiner Lebenswelt: er sieht am Morgen, wie die Sonne aufgeht und die Finsternis der Nacht weicht. Dieses jeden Tag neue Licht deutet er als zentrales und bedeutsames Geschenk des Schöpfers für sein Leben. Deshalb spricht er im Präsens: »Du bringst das Tageslicht hervor ...«. Schöpfung geschieht für ihn täglich neu, er versteht sie als »creatio continua«. Mit dem Licht des neuen Tages holt er die erste Schöpfungstat Gottes am ersten Tag der Woche in seine Lebenswelt hinein. In der dritten und vierten Zeile kleidet er sie in die Worte: »Durch den ersten Anfang des neuen Lichtes rufst du die Welt zu ihrem Beginn«. Er macht damit das neue Licht zum Ausgangspunkt des Sechstagewerks. Das heißt für Gregor: heute ist es wieder möglich, die Welt neu anzuschauen. Er stimmt ein großes Loblied an auf den Schöpfer einer wunderbaren Welt. Alles hat er »optime – sehr gut« gemacht. Von daher übernimmt er auch den Titel für die Anrede. Aber an den Anfang stellt er die kostbarste Gabe Gottes, das Licht (»lucis«). So wie mit dem Licht die Schöpfung beginnt, so beginnt mit der Nennung des Lichtes sein Hymnus.

Er weiß, dass ihm seine Licht-Sinne gegeben sind, um die Schönheiten der Welt zu entdecken. So ist es ihm möglich, die Erzählung der Genesis mit seinem bewussten Nachspüren seiner Lebenswelt auf poetische Weise in Verbindung zu bringen. Gottes Wort ruft das Licht ins Sein (vgl. Johannes 1,1–9).

Mit dem Anschlusswort »qui – der Du« bindet Gregor die zweite Strophe an die Anrede der ersten und macht mit ihr die Fortsetzung der Schöpfungserzählung gegenwärtig, indem er sich ganz an deren Formulierung hält: »Du hast den Morgen mit dem Abend vereint und vorgeschrieben, das Verbundene Tag zu nennen.« Nun ist der Finsternis eine Grenze gesetzt.

Müsste uns eigentlich nicht längst aufgefallen sein, dass Gott das Licht schafft, bevor er die Sonne und den Mond und die Sterne ans Himmelsgewölbe setzt? Der Hymnendichter weiß, dass der Schöpfer mit dieser Einheit »Tag und Nacht« die Zeit als grundlegende Dimension der Welt ins Werk setzt und sie damit der Vergänglichkeit unterwirft. Die Zeitspanne zwischen Morgen und Abend empfindet er als die ihm geschenkte Zeit. Die dritte Zeile schließt den natürlichen Teil des Hymnus ab: durch Gottes Lichttat bricht das grausige Chaos zusammen. Das Chaos, das im Schöpfungsbericht zuerst da war (Genesis 1,1.2), wird von Gregor in die vorletzte Zeile gesetzt. Denn die letzte Zeile leitet jetzt mit der Formulierung der einzigen Bitte zu den »moralia«, zu den Bezügen zum inneren Leben über. Das macht die Kraft der alten Hymnen aus: dass sie mehr preisen als bitten. Die eine Bitte steht aber in einem Zusammenhang mit den »naturalia«. Die Bereitstellung von Lebensraum durch das Licht hat den Dichter zum »optime« veranlasste. Nun formuliert er daraus seine Bitte. Sieben Zeilen lang war nur Lobpreis in Anrede. Jetzt folgt eine Bitte, die mit dem »audi – horche« auch das erste Prädikat des

Hymnus einführt. Mit »cum fletibus« (unter Tränen), wird das Prädikat intensiviert.

Konnten die beiden ersten Strophen auch einem religiösen Schwärmer entsprungen sein, so erweist sich der Hymnendichter mit den folgenden Strophen als ein Mensch, der auch seine Abgründe und Verirrungen kennt: eine Schuld, die bis zum ureigenen Wesenskern vordringt und ihn wie eine drückende Last beschwert und sein Leben von neuem verdunkelt. Mit ihr findet er sich plötzlich im lichtlosen Schattenreich des Hades wieder. Er entzieht sich damit seiner Lebensaufgabe (die Übersetzung »Gabe des Lebens« führt hier nicht zum Ziel), »anthropos« – Wesen, das zum Licht schaut, zu sein und als Kind des Lichtes (Johannes 12,36) zu wirken. Er nennt diesen Ort ein Exil, weil er weiß, dass der lichte Tag und nicht der Hades sein eigentlicher von Gott gewollter Heimatort ist.

Eine zweite Gefahr lauert: »nichts Ewiges mehr zu denken«. Das passiert schnell, dass wir im Diesseits hängenbleiben und dadurch den Kontakt zum Schöpfer verlieren.

Wie können wir den Gefahren wehren? Am Innersten der Himmel – aus unerfindlichen Gründen hat das römische Brevier das Innerste des Himmels durch die Pforte des Himmels ersetzt: »caeleste pulset ostium« – poche er an (»pulsare« wörtlich: tüchtig schlagen, stoßen, klopfen), er stoße vor mit all seinen Energien, damit er den Kontakt zum Lichtkern nicht verliere, er ergreife fest den Preis, dass er zum Leben im Licht berufen ist. Dem Sieger ist eine Prämie verheißen, ein ewiges Leben und Loben im Lichte des »Lucis Creator«. Die Übersetzung des Neuen Stundenbuches (»Und dann gib Hoffnung auf dein Reich«) ist hier einfach viel zu schwach. Und so wie die Finsternis dem Lichte weichen musste, so mögen wir »als Kinder des Lichtes« auch alles Schändliche meiden und wie alten Sauerteig (1 Korinther 5,7) wegschaffen. Mit dem »vitemus« und »purgemus« wechselt Gregor von der Bitte in den Hortativ: wir mögen doch nicht nur bitten, sondern auch selbst tätig werden. Mit diesen Formulierungen beschließt Gregor die mit der flehentlichen Bitte eröffnete zweite Doppelstrophe der »moralia«, die nun im Rückblick genauso klar und symmetrisch geformt ist wie die erste Doppelstrophe und er erreicht mit dem »pessimum« am Schluss den Gegenpol zum »optime«: Das ist das Intervall unserer Möglichkeiten und Perspektiven!

Wir erkennen in dem Dichter jemanden, der die Welt und was sie mit sich bringt, den Himmel und die Erde im Blick auf Gott hin anschaut. Insofern ist der Hymnus wie eine Ikone, da in ihr mit der Goldfolie immer Gott anwesend ist. Diese Anschauung kleidet der Dichter in eine poetisch dichte Sprache. Seinen genuinen Platz findet der Hymnus in der Vesper am Sonntag, dem ersten Tag der Woche, dem Tag, den die Genesis in ihrer Kosmologie für die Erschaffung des Lichtes reserviert. Er eröffnet eine Reihe sechs weiterer Hymnen, in denen das Sechstagewerk und der Sabbat in der liturgischen Gebetszeit der Vesper jede Woche ein hymnisches Echo finden.

ABENDLOBHYMNUS AM MONTAG

»Immense caeli conditor«

Immense caeli conditor,
Qui, mixta ne confunderent,
Aque fluenta dividens
Caelum dedisti limitem,

Firmans locum caelestibus
Simulque terrae rivulis,
Ut unda flammas temperet,
Terrae solum ne dissipet:

Infunde nunc, piissime,
Donum perennis gratíae,
Fraudis novae ne casibus
Nos error atterat vetus!

Lucem fides inveniat,
Si luminis iubar ferat;
Haec vana cuncta terreat,
Hanc falsa nulla comprimant.

Du Schöpfer des Himmels, unermesslich groß,
Du setzt, damit die Fluten sich nicht mischen,
scheidend in die Flut
das Firmament als Feste hin.

Du gibst festen Ort den Wassern oben,
gleicherweise den irdischen Wassern,
damit die Woge die Hitze dämpft
und die Woge die Erde nicht verdorren lässt.

Gütigster Du, gieß uns
das Geschenk fortwährender Gnade ein,
damit nicht durch Fälle neuen Trugs
der alte Irrtum uns aufreibt.

Der Glaube geh und finde Licht,
und gebe so uns hellen Schein.
Er verscheuche alles, was eitel ist,
kein Irrtum ihn bedränge.

Der Vesperhymnus des zweiten Schöpfungstages besingt die Schaffung der Luft und Wassersphäre. Entsprechend dem Hexaemeron geschieht diese durch eine Trennung der oberen und unteren Wasser (Plural!). Nach altem Weltverständnis bestand sowohl der Himmel wie auch die Erde aus drei Bereichen: jeweils einem Himmel (oben), einer Erde und einem Wasserbereich (unten). Damit nun die Wasser des Himmels nicht die Sphäre des Himmels der Erde, aus dem es regnet, überschwemmen, zieht der Schöpfer hier eine Feste ein, die in unserem Wort »Firmament« weiterklingt.

In welche Worte kleidet nun Gregor den Schöpfungsbericht? Zunächst wechselt er die Er-Rede der Genesis in die Du-Rede, und nimmt also mit dem Schöpfer selbst Beziehung auf. Beachten wir, dass auch hier wie schon am Sonntag Gregor mit dem »dividens« die Zeitform des Präsens wählt.

Die Anrede »Conditor caeli«, Schöpfer des Himmels, erklärt sich also aus der Schöpfung der Feste, das Adjektiv »immense« erklärt sich aus der für Gregor unermesslich groß und weit erscheinenden Feste. Der Schöpfer teilt die Fluten, die vor dieser Trennung sich noch chaotischer zeigen und setzt zwischen sie eben diese Feste als feste Grenze. Aus dem Chaotischen entsteht durch Teilung Ordnung: jedem der Wasser wird ein fester Ort zugeteilt. Das Wasser der Erde muss die Hitze dämpfen und die Erde vor Trockenheit bewahren. Aber mit all dieser Umformung des Berichtes der Genesis zielt Gregor bereits auf die nun in ebenfalls zwei Strophen anhebende symbolisch-moralische Deutung.

In einigen Übersetzungen findet sich die Fassung »dissipent«, statt »dissipet«. Das führt zu der häufigen Übersetzung: damit das Nass die Flammen dämpfe, sodass sie, die Flammen den Erdboden nicht zersprengen. Das aber zerstört den so typischen und zentralen Parallelismus. Der Singular hingegen festigt ihn: also im Bereich der himmlischen Gewässer soll die Woge (unda) die Flammen der dort bald aufgehenden Sonne mildern, im Bereich der irdischen Gewässer soll die Woge (unda) das Verdorren der Erde verhindern. Jetzt sind genau parallel gesetzt die erste und dritte bzw. die zweite und vierte Zeile der zweiten Strophe.

Gregor richtet nach dem zweistufigen Lobpreis nun Bitten an den unendlichen Schöpfer des Himmels: wenn er nun ein »infunde«, (gieße ein) an den Anfang der Zeile stellt, so zielt er damit auf das Wasser der Gnade. Wir bekommen es geschenkt bei der Wiedergeburt aus dem Wasser und dem Heiligen Geist. Hell und rein ist dieses »donum perennis gratiae«, das Wasser des Irrtums ist trüb und verderblich. Wie bei der Einrichtung der Feste (1. und 2. Strophe) möge Gottes Güte eine Feste errichten, damit der Glaube hell und rein sei und nicht getrübt werde. Der Betrug (»error vetus«) ist bei Gregor immer die Irrlehre und für ihn ist jede Irrlehre nur eine neue Auflage des ersten und alten Betruges im Paradies. Dieser Irrtum, sich das Leben in die eigene Verfügung zu nehmen, stürzt uns bis heute ins Verderben. Aber der durch Christus, dem wahren Licht, erleuchtete Glaube kann uns davor bewahren und schützen.

Aber ohne sicheres Fundament bleibt der Glaube, wenn er sich nicht in die feste Erde eingründet, wie die Wasser, die erst durch die Scheidung ihren festen Ort erhalten. Diesen festen Halt findet mit Gottes Hilfe der Glaube im Licht. Das ist sein Glanz.

Der Glaube mag dann die Seele im übernatürlichen Sinn vor dem Schaden des Irrtums hüten, wie die natürlichen Wasser vor der Verdorrung der Erde. Hier mögen wir wieder daran erinnern, wie sehr die alten Hymnen von diesem Parallelismus geprägt sind, der die »naturalia« mit den »moralia« verbindet, allerdings in einer prägnanten und kurzen Sprache, die zur Betrachtung einlädt und nicht – wie die Rede – hinreißen will.

Wenn nun diese Bitte nach dem Glaubenslicht von Christus gehört wird und wir uns von unserer Seite darum bemühen, dann vermag er alles Eitle zu verscheuchen und alles Falsche niederzuringen. Im Lateinischen ist das meisterlich ausgedrückt: dem »haec« steht das »hanc«, die beide sinnreich am Anfang stehen, den »vana« das »falsa«, den »cuncta« das »nulla«, das »terreat« dem »comprimant« gegenüber – auch hier glänzt, vom Glanz des Glaubens angeleuchtet, der Dichter mit einem den Hymnus krönenden Parallelismus.

»Telluris ingens Conditor«

Telluris ingens conditor,
Mundi solum qui eruens
Pulsis aquae molestiis
Terram dedisti immobilem,

Gewaltig großer Schöpfer der Erde,
der Du ihr Land aus der Schwere
des Wassers herausführst,
und ihr Festigkeit gegeben hast,

Ut germen aptum proferens,
Fulvis decora floribus,
Fecunda fructu sisteret
Pastumque gratum redderet:

damit sie dienliches Gewächs hervorbringe,
geschmückt sei mit goldenen Blüten,
sie in voller und reifer Frucht stehe
und willkommene Nahrung spende.

Mentis perustae vulnera
Munda vi roris gratiae,
Ut facta fletu diluat
Motusque pravos atterat;

Die Wunden des verstockten Geistes
reinige durch die Kraft des Gnadentaues,
damit der Geist die (Un)taten wegschwemme
und die verkehrten Regungen zertrete.

Iussís tuis obtemperet,
Nullis malis adproximet,
Bonis repleri gaudeat
Et mortis actum nesciat.

Er richte sich nach Deinem Willen,
nicht Üblem nähere er sich,
er suche volle Freude am Guten,
was zum Tode führt, kenne er nicht.

Das erste Wort »tellus« (statt »terra«) versetzt uns in das Schöpfungswerk des dritten Tages. »Tellus« meint das trockene fruchtbare Land – das Meer ist zurückgedrängt (vgl. Genesis 1,9–13).

Der Schöpfungstat des dritten Tages widmet Gregor wieder zwei Doppelstrophen, an deren Beginn der Titel »telluris ingens Conditor« steht. Das »ingens« ist geboren aus dem Staunen über die Unbegreiflichkeit einer Schöpfung aus dem Nichts, aus dem Staunen über das Zurückdrängen der schädlichen Wassermassen, aus denen gleichzeitig das Festland herausgehoben wird (vgl. Psalm 104), und auch aus dem Staunen, dass dies schon auch die Elemente der natürlichen Entwicklung in sich trägt, die in der zweiten Strophe thematisiert werden.

In der zweiten Strophe entfaltet der Dichter für uns in den vier Zeilen das anmutige Bild erwachenden und sich entwickelnden Lebens, das der Erde aufgetragen ist: dass sie mit Knospe und Zweig hervorbringe das Sprossen (»germen«), dass sie aus ihm die goldene Blüte (»floribus«) treibe, dass sie Frucht bringe, die allem Lebendigen als willkommene (»gratum«) Nahrung diene. Im Rückblick ist es die Folge der Jahreszeiten Frühling, Sommer und Herbst, die dem Dichter die Feder führt. Sie zeigen nach dem »ingens Conditor« mehr einen »Pastor bonus«, der für die Bedürfnisse seiner Lebewesen vorsorgt.

Das im Hexaemeron die Pflanzen nicht als Bewohner, sondern als Wohnung gedeutet werden, hängt wohl damit zusammen, dass sie fest in der Erde verwurzelt sind.

Die beiden nächsten Strophen wenden sich an diesen »Pastor bonus«, dass er sich auch des übernatürlichen Erdreiches annehme. In genialer Parallelität geht es zunächst um die negativen Tätigkeiten: wörtlich: reinige durch den Tau der Gnade die Wunden des verstockten Herzens (»pulsis« ist parallel zu »munda«), damit es die bösen Neigungen bändige durch Tränen der Reue. Der Festigung der Erde steht hier gegenüber die der Seele und des Herzens. Ist dies geschehen, kann sie in der vierten Strophe, in der es um die positiven Tätigkeiten geht, seinem Willen gehorchen und so das fruchtbare Samenkorn sein, sich an guten Taten erfreuen (vgl. »dass sie von reifen Früchten schwer«) und nichts wissen von Taten, die zum Tode führen. Dabei ist zu beachten, dass »actus mortis« nicht eine Tat des Todes meint (so in vielen Übersetzungen zu finden), sondern eine Tat, die zum Tode der Seele führt. Kann man für eine Menschenseele Höheres erbitten, als dass sie diese Tat nicht kenne?

Einen wunderbaren Bogen spannt dieser Hymnus: von der jüdischen Genesis zum christlichen Geheimnis der Neuschöpfung durch die Gnade, von der Freude an den Jahreszeiten bis zur Ruhe des Herzens in der Obhut des Schöpfers.

ABENDLOBHYMNUS AM MITTWOCH

»Caeli Deus sanctissime«

Caeli Deus sanctissime,
Qui lucidum centrum poli
Candore pingis igneo
Augens decori lumina,

Quarto die qui flammeam
Solis rotam constituens,
Lunae ministrans ordini
Vagos recursus siderum,

Ut noctibus vel lumini
Diremptionis terminum
Primordiis et mensium
Signum dares notissimum,

Illumina cor hominum,
Absterge sordes mentium,
Resolve culpae vinculum,
Everte moles criminum.

Des Himmels dreimal heiliger Gott,
Du malst mit feuerfarbnem Glanz
das lichte Firmament und mehrst
den Schmuck durch reichen Lichterkranz.

Das Flammenrad der Sonne stellst
am vierten Tag Du droben auf,
dem Monde schaffst Du feste Bahn,
den Wandersternen ihren Lauf.

So setzest Du die Grenzen fest,
dass Licht sich scheide von der Nacht,
und für der Monde Anbeginn
das sichre Merkmal sei erbracht.

Des Menschen Herz erleuchte Du,
unlauterm Sinn gib Reinheit Du,
das Band der Schulden löse Du,
die Last der Sünden tilge Du!

Getreu der Schöpfungserzählung folgend, geht es nach den drei Tagen der Bereitung der Wohnungen in den folgenden drei Tagen um die Erschaffung der Bewohner und so kehrt auch der Dichter mit seinem Blick zum Lichtreich des ersten Tages zurück und sieht das Firmament, von dessen höchster Mitte (»centrum poli«) sich eine Lichtfülle sondergleichen ergießt und einen herrlichen Glanz von höchster Majestät entfaltet. Was für ein Licht ist das? Die Sonne selbst wird ja erst in der zweiten Strophe genannt. Ist nicht in Tradition der antiken und heidnischen Kulturen, die die Sonne als Gott verehren (Helios, Sol invictus) schon auch die »sol vera« des Christus mitgemeint, dessen also, den der Dichter mit dem Titel »Caeli Deus sanctissime« meint? Ist doch der Glanz des lichten Firmaments das geschaffene Bild der Lichtherrlichkeit Gottes (vgl. Psalm 104).

Die zweite Strophe widmet der Dichter kurz aber prägnant den verschiedenen Lichtern, der Sonne, dem Mond und den Sternen: am vierten Tag stellst Du hin das flammende Rad der Sonne, Du handhabst die Ordnung des Mondes und die umherschweifenden Wege der Sterne (Planeten). So sehr ist Gregor von der Herrlichkeit dieses Tages berührt, dass er seine bisherige doppelte Zweistrophenteilung aufgibt und noch in der dritten bei den Naturalia bleibt: Die Sonne, die nicht nur Licht spendet, sondern mit ihrer Wärme ein wichtiges Element für das Leben darstellt. Der Mond bekommt eine Ordnung. Damit ist angedeutet, dass er als Uhr, als Rhythmusgeber fungieren kann, war doch der Mond zunächst Kalenderspender (Mondjahr) und damit Regulator für Feste und Feiern (Ostern!).

Die sichtbaren Planeten, die später die Woche bilden, bewegen sich natürlich nicht regelmäßig, solange die Erde als feststehend angenommen wird. Das alles ist mit dem kargen Wort »Ordnung« ausgesagt. Der Hymnus mag ja betrachtet und gedeutet werden.

Die Abwechslung vom zweistrophigen Doppelhymnus hat aber vielleicht auch seinen Grund darin, dass es am Mittwoch mit der Erschaffung der Sonne als Bewohner des Lichtreiches nicht Vielerlei zu bitten gibt, sondern die Bitte sich auf ein, allerdings höchst wichtiges, Anliegen konzentriert: Worum anders, als um das innere Licht und das Geistlicht sollen wir als Beter/Sänger bitten? Er, das »Lumen Christi«, er selbst trete ein in uns, um uns zum »Anthropos« zu machen, zum Wesen, das zum Licht schaut, zu Kindern des Lichtes (Johannes 12,36), die im Lichte wandeln und in seinem Licht das Licht schauen. Und die Wirkung des Geistlichtes ist, dass es reinigt, dass es die Schuld wegnimmt und die große Macht der Vergehen vernichtet.

»Magnae Deus potentiae«

Magnae Deus potentiae,
Qui ex aquis ortum genus
Partim remittis gurgiti
Partim levas in aera.

Dimersa lymphis imprimens,
Subvecta caelis irrigans,
Ut stirpe una prodita
Diversa rapiant loca,

Largire cunctis servulis,
Quos mundat unda sanguinis,
Nescire lapsum criminum
Nec ferre mortis taedium,

Ut culpa nullum deprimat,
Nullum levet iactantia,
Elisa mens ne concidat,
Elata mens ne corruat.

Machtvoller Gott, Dein Wort entlockt
dem Schoß der Flut zwiefach Geschlecht;
halb schickst Du es zum Strudel heim,
halb weist Du es dem Luftreich zu.

Was Du versenkst, drückt Meereslast;
was Du erhebst, wohnt himmelnah;
was einem Schoß zugleich entsprang,
strebt fort in ganz verschiednen Raum.

Gib gnädig Deinen Knechten all,
die Wasser tauft und Blut entsühnt,
zu wissen nicht vom Sturz der Schuld,
zu tragen nicht des Tods Verdruss!

Dass keinen Schuld darniederbeug',
in Prahlsucht keiner sich erheb'!
Gebeugtes Herz erliege nicht,
hochmütig Herz komm nicht zu Fall.

Die neue Anrede im Hymnus für den Donnerstag lässt aufhorchen: Du Gott großer Macht! Sie spiegelt nicht wie zuvor in der Anrede das Schöpfungswerk wieder (»Telluris ingens Conditor«), sondern spricht von Gottes großer Macht. Mag sich darin spiegeln, dass es dem Hymnendichter darum geht, das Werk des fünften Tages als herausgehobenes zu kennzeichnen, geht es doch in ihm um die Erschaffung von Lebewesen, also – nach dem Hexaemeron die Erschaffung der Bewohner der am zweiten Tag erschaffenen Luft- bzw. Wasserwohnungen.

Diesen »Naturalia« gelten wie stets die ersten beiden Strophen. In ihnen schildert Papst Gregor, die Erkenntnisse der Evolutionstheorie eines Darwin vorausahnend, die Entstehung der Fische und Vögel, die aus dem einen Element des Wassers hervorgehen. Das Wasser ist also genauso fruchtbringend wie die Erde! Sie werden aber vom Schöpfer in zwei unterschiedlichen Bereichen, in der Tiefe des Meeres und in den Lüften beheimatet. In der Tat ist das Geschwisterliche von Fisch und Vogel in Gestalt und Lebensweise deutlich. Beide sind Schwimmer, die einen im Wasser, die anderen in der Luft. Der Unterschied besteht lediglich im Lebensraum. Die zweite Strophe nun malt das Bild des fünften Tages in klarer, ja kristalliner Form weiter aus. Die gleichgestellte Syntax der ersten beiden Zeilen und das Hyperbaton, dem zwischen den zugehörigen Worten »diversa« und »loca« eingeschobenen Prädikat »rapiant« beweisen dies. Wir werden dieser kristallklaren Syntax wieder in der vierten Strophe begegnen. So entzündet sich an der Gegensätzlichkeit der Doppelschöpfung die dichterische Kraft Gregors und formuliert in starken Antithesen: die Hinabgetauchten durch die Last des Wassers niederhaltend, die Hinaufgehobenen dem Himmel zuweisend, sodass die einem Schoß Entsprungenen in ganz verschiedenen Wohnraum enteilen. Dem Dichter liegt dabei nichts daran, die entstandene Vielfalt zu qualifizieren, wie es früher schon Origenes getan hat.

Der Schöpfer bevölkert also nun Meer und Himmel mit lebenden Wesen und erfreut sich nicht nur am Dasein, sondern – hier für heutige Ohren schon Moralia aufzeigend – auch an der Vielfalt der verschiedenen Arten. In dieser Strophe wählt der Dichter präsentische Partizipien, die wir noch mehr als die präsentischen Prädikate als preisende Gottesnamen deuten dürfen. Es darf in diesem Zusammenhang auch erwähnt werden, dass diese Hymnen Gregors, die ja Anreden an eine Person sind, Ähnlichkeiten zu der Gestalt der alten lateinischen Orationen aufscheinen, die ebenso kristallklar aufgebaut sind: einem Anredetitel folgt die Aufzählung seiner Werke, an die sich dann eine Bitte anschließt, die natürlich Bezug zum Werk aufweist. Also sind auch sie wie der Hymnus poetische Juwelen.

In der dritten Strophe erst finden wir nun die imperativisch formulierte Bitte zu der Anrede der ersten Zeile und den Übergang von den Naturalia zu den Mystica: der Begriff, der dies ermöglicht, findet sich in der zweiten Zeile: »unda« – das Wasser – schenke allen »Deinen Knechten«, welche durch die Woge des Wassers und das vergossene Blut gereinigt sind, den Sturz der Schuld nicht zu kennen und den Ekel des Todes nicht zu tragen. (Es ist hier wichtig zu sehen, dass »unda sanguinis« nicht zusammengehört, also nicht mit »Blutwoge« übersetzt werden darf, sondern zu trennen ist, also Blut und Wasser gemeint ist. Der Genitiv steht wohl wegen des Metrums.)

Hier wird also das Wasser der zweiten Zeile mystagogisch mit dem Wasser (und dem Blut) der Taufe in Verbindung gebracht, die uns gnadenhaft durch den Tod des Christus von der Schuld befreit hat. Auch sein Blut, das wir im eucharistischen Mahl trinken, hat ja sündenvergebende Kraft. Die Bitte geht also dahin, dass wir, die wir nun einmal durch ihn gerettet sind, durch seine große Macht der Erlösung nicht erneut in Schuld und Tod fallen mögen.

Den Moralia gehört die letzte Strophe. Sie orientiert sich wieder an der zweiten Strophe und führt, wie wir schon öfter gesehen haben, durch direkten Parallelismus auch in den Verszeilen aus, welche Gefahren lauern im Zusammenhang von oben und unten. Sie werden aber nicht abstrakt formuliert, sondern binden sich in ihrem Charakter als Gebetsbitte an den in der ersten Zeile angeredeten machtvollen Gott. Die Strophe hält uns die Geschöpfe des fünften Tages quasi als Spiegel vor. Es entsprechen sich also exakt: »Was Du versenkt, drückt Meereslast« aus der zweiten Strophe steht in Beziehung zu »Dass keinen Schuld darnieder beugt« bzw. »Gebeugtes Herz erliege nicht« aus der vierten Strophe. Und ebenso: »Was Du erhebst, wohnt himmelsnah« steht in Beziehung zu »In Prahlsucht (›iactantia‹) keiner sich erhebe« bzw. »Hochmütig Herz komme nicht zu Fall«.

So erweisen sich in diesem Hymnus die Moralia doch zuletzt als Mystica, denn Fisch und Vogel sind gleicherweise Zeichen des Heils.

»Plasmator hominis, Deus«

Plasmator hominis, Deus,	*Des Menschen Bildner, Gott und Herr,*
Qui cuncta solus ordinans	*der alles ordnet einzig gut,*
Humum iubes producere	*Du rufst, und aus der Erde Schoß*
Reptantis et ferae genus;	*bricht kriechendes und wildes Tier.*
Qui magna rerum corpora,	*Die schweren Riesenleiber stehn*
Dictu iubentis vivida,	*und regen sich auf Dein Geheiß;*
Ut serviant per ordinem,	*zu dienen ihrer Ordnung nach,*
Subdens dedisti homini,	*gabst Du sie in des Menschen Macht.*
Repelle a servis tuis,	*Vertreib' von deinen Knechten weit,*
Quidquid per immunditiam	*was sich durch unrein-böse Lust*
Aut moribus se suggerit,	*erst heimlich in die Sitten schleicht,*
Aut actibus se interserit.	*dann frech sich in das Handeln drängt!*
Da gaudiorum praemia,	*Gib uns der Freuden Ehrenpreis!*
Da gratiarum munera,	*Gib uns der Gnaden Huldgeschenk!*
Dissolve litis vincula,	*Lös' auf die Schlinge bösen Streits!*
Adstringe pacis foedera.	*Schliess' fest uns in des Friedens Bund!*

Mit dem sechsten Schöpfungstag kommen wir an den Abschluss des Werkes. Es ist den Bewohnern des am dritten Tag geschaffenen Wohnraumes Erde gewidmet, den Land- und Haustieren und dem Menschen.

Papst Gregor wählt als Anrede gleich im Hinblick auf den letztgenannten die Anrede »Plasmator hominis, Deus«, »des Menschen Bildner, Gott und Herr«. Ob er damit über die Tiere als minderwertige Geschöpfe hinwegsieht, mag ich ihm nicht unterstellen. Dieser Titel insinuiert eher denjenigen, den er als Mensch mit den Bitten anruft, die – wie stets in der dritten Strophe – hier an den »Plasmator hominis« gerichtet sind.

Aber trotzdem fällt die Bezeichnung aus dem Rahmen, denn »Plasmator« ist als Bildner eigentlich immer schon Künstler. Wir denken an formende Hände und wissen, dass ein Künstler sein Werk nicht hassen kann (vgl. den Introitus vom Aschermittwoch). Aber auch er ist ein Geschöpf und hat seinen Anteil an Stoff und Form von ihnen.

Im Duktus der nun folgenden Zeilen ist Gregor bemüht, diesen Zusammenhang auch in den beiden Relativsätzen mit »qui« (1,2; 2,1) zum Ausdruck zu bringen, die auf die Titulatur folgen und so auch angebunden bleiben an den Schöpfer: in der Folge von kriechendem Tier zu dem wilden Tier zum Riesentier – in weiser Voraussicht der späteren Evolutionslehre – zeigt Gregor deutlich die Entwicklung an. Wir erinnern uns beim Hymnus am Dienstag, was dort über die Pflanzen gesagt wurde. Wie dort heißt der Schöpfer die Erde, sie hervorzubringen. In der 3. und 4. Zeile der zweiten Strophe können wir wieder erkennen, was in der Genesis die Rangfolge begründet: Gott gibt das Recht, die Tiere zu benennen und damit die Macht über sie zu gewinnen in die Hand des Menschen. Sie regen sich auf sein Geheiß und sind an den Menschen durch Namensnennung gebunden und können von ihm in Verantwortung vor dem Schöpfer in Dienst genommen werden. Die Strophe macht aber dadurch deutlich, dass der Mensch, wie das Tier, das sich auf des Schöpfers Geheiß bewegt, eine Mitwelt bilden. Eine »Umwelt« kennt weder der Schöpfungsbericht noch der Hymnus.

Die dritte und vierte Strophe nun gehören wie stets den Moralia und richten sich an den »Plasmator hominis«, zunächst mit einer zentralen Bitte, ex negativo formuliert: »repelle«, vertreibe! Der Dichter bittet darum, dass nun der geist- und gnadenbegabte Mensch dieser seiner Würde nicht verlustig gehe, indem er der Lust frönt, einer Lust der Ungebundenheit, einer Lust, die Erinnerung wachruft an jene Stelle aus der Genesis, in der es heißt: »die Früchte waren so verlockend anzusehen«. Diese Lust hat die Eigenschaft, sich zum Negativen zu entwickeln, von dem Gewährenlassen ins Handeln zu münden, ähnlich der in der zweiten Strophe geschilderten Entwicklung zu immer höheren Lebensformen.

Die Bitten »ex positivo« gehören der vierten Strophe. Den beiden negativen »aut-aut« stehen vier Zeilen mit »da« gegenüber, die vier auf die Endsilbe »a« reimende Zeilen enthalten. Sie bitten um das, was des Menschen eigentlicher und göttlicher Anteil ist: der Freuden Ehrenpreis, der Gnade Huldgeschenk, das Freisein von Streit und der alles umschließende Frieden; die Freude, die der Geist uns schenkt, die Gnade, die der Vater spendet und der Frieden, den der Sohn zuspricht. So schließt der Hymnus mit einer Haltung, die in der Schöpfungserzählung stets an jedem Tag mündet in: »er sah, dass es gut war«.

»O lux beata Trinitas«

O lux beata Trinitas	*Du Licht, selige Dreifaltigkeit,*
Et principalis Unitas,	*Du Einheit vom Ursprung an.*
Iam sol recedit igneus:	*Die feuerrote Sonne zieht sich nun zurück,*
Infunde lumen cordibus.	*gieße Du jetzt Licht in unsere Herzen.*
Te mane laudum carmine,	*Dir erklinge am Morgen unser Lob,*
Te deprecemur vespere;	*anflehen wollen wir Dich am Abend,*
Te nostra supplex gloria	*Dich lobe durch alle Zeiten hindurch*
Per cuncta laudet saecula.	*unsere Herrlichkeit auf Knien.*
Christum rogamus et Patrem,	*Christus und den Vater bitten wir,*
Christi Patrisque Spiritum;	*auch Christi und des Vaters Geist,*
Unum potens per omnia,	*eins und mächtig in allem,*
Fove precantes Trinitas. Amen.	*gib uns Lebenskraft, Du Dreieinigkeit. Amen.*

Im vorliegenden Hymnus begegnen wir jenseits der Tatsache, dass jeder Hymnus mit einer Doxologie schließt, einem besonderen Lobpreis dieser Trias. Er steht allerdings auch unter einem anderen Horizont als das Bekenntnis zur Dreifaltigkeit im Glaubensbekenntnis, das von den drei Personen Gott-Schöpfer, Gott-Sohn und Gott-Heiliger Geist her formuliert ist. Er wird, wie auch der Hymnus »Lucis Creator optime« Gregor d. Gr. zugeschrieben. Dieser letztgenannte eröffnete die Reihe der Vesperhymnen, in denen sich Papst Gregor angeschickt hat, die Woche als Erinnerung an die sechs Schöpfungswerke im Lied hervortreten zu lassen. Er hat dadurch dem Sechstagewerk ein würdiges Gedenken in der liturgischen Hymnodie gesichert. Der nun vorliegende Hymnus hat seinen ursprünglichen Platz in der Vesper am Samstag, dem letzten Tag der Woche, der uns immer noch an den die Schöpfung beschließenden Sabbat erinnert, der nicht zum Sechstagewerk gehört. Er ist ein Fest des Ruhens und der Betrachtung, ein Fest der Vollendung. Lud der Hymnus »Lucis Creator optime« ein, bei jedem selbst erlebten Sonnenaufgang sich an das erste Entstehen des Lichtes zu erinnern, in dem er den anredet, der als LICHT am ersten Schöpfungstag das uns sichtbare Licht erschaffen hat, so wagt er jetzt im Anblick der noch vollen Sonne gegen Abend den Blick auf die Dreifaltigkeit in Einheit, die im Anfang, noch vor jeder Trennung und vor jeder Entwicklung und Mannigfaltigkeit selbst das Licht ist. Dieses Licht der Abendsonne ist hier Bild für diese ursprüngliche göttliche Einheit und es ist wichtig, von dem Dichter zu lernen, dass die ursprüngliche Einheit eben kein Ergebnis der Forschung, sondern eine Offenbarung ist. Es ist ihm ein wichtiges Anliegen, dass auch wir am Ende wie an einem Abend aus der Vielfalt unserer Erfahrungen zu dieser ursprünglichen Einheit wieder durchstoßen. Es ist und bleibt unser Ziel, durch die Welt der irdischen Bilder hindurchzustoßen zur bilderlosen Klarheit der reinen, ungeteilten Einheit. LICHT ist das Wesen dieses Ursprungs und LICHT ist unser Ziel. Deswegen hat der Grieche den Menschen »Anthropos« genannt, ein Wesen, das zum Licht schaut. Diese Sicht zu entfalten ist dem Dichter umso dringender, je mehr er sieht, dass das erschaffene Licht am Abend des Tages untergeht. Gerade dieser Vorgang des scheidenden Lichtes aber mahnt den Sänger an das unerschaffene und ursprungslose LICHT. Deswegen bittet er um die Eingießung dieses Lichtes. In den unterschiedlichen Erfahrungen unseres Glaubensvollzuges zeigt sich dieses Licht wie in einem Prisma gebrochen: im Lichte der Spuren des Schöpfers in unserer Lebenswelt bis heute, im Lichte der Werke des Sohnes, der hier auf Erden bis in den Tod hinein die Nähe zu den Menschen gelebt hat, und auch im Lichte der Erfahrungen mit dem Wirken des Heiligen Geistes. Jetzt ist am letzten Tag der Woche die Zusammenschau, die dreifache Erfahrung des Einen im Herzen das Anliegen des Dichters.

In der zweiten Strophe blickt der Dichter auf die Zeitlichkeit des Tages zurück. Vor dem Goldgrund der Einheit ist alles Tun des Menschen aufgehoben, vor allem im Lobpreis des Schöpfers am Morgen und am Abend in den dafür festgesetzten Stunden, im Jahr an seinen Festzeiten, im Singen des »neuen Liedes«, im Feiern, im Erinnern und im Einüben. So erhält die vergängliche Zeit durch dieses Tun eine eigene Qualität, sie ist nun nicht mehr nur Quantität. Für diese Qualität trägt der Sabbat Sorge. Dieses möge wieder unsere große Sorge sein, dies möge die große Aufforderung an unsere Seele sein: dass der Lobgesang nicht verstumme. Denn wir halten damit ein wirksames Instrument in der Hand, das uns daran hindert, nichts Ewiges zu denken (vgl. Hymnus »Lucis Creator Optime«). Was wir hier auf dieser Erde an Lob singen, das sieht der Dichter – geistbegnadet – auch als Vorstufe unserer eigentlichen Berufung, nämlich am endgültigen Sabbat an der Herrlichkeit des Herrn im Lichte der Ewigkeit als mit Gottes Herrlichkeit bekleidete Kreatur teil zu haben – lobend, preisend, singend. Unser Dichter sagt das in einer unübertrefflichen Formulierung mit nur zwei lateinischen Worten: »supplex gloria«: das meint »Herrlichkeit auf Knien«. Mit diesem Hymnus hat uns der Dichter ein Meisterstück vorgelegt, wie er den Sabbat des biblischen Schöpfungsberichts in seine Lebenserfahrung integriert. Diese gießt er für uns und für alle an diesem Weg Interessierte in eine bilderreiche, von großer Weisheit und tiefer Verbundenheitssehnsucht zum Einen geprägte Poesie.

Die Hymnen der Advents- und Weihnachtszeit

ADVENTSHYMNUS

»Conditor alme«

Conditor alme siderum Aeterne lux credentium Christe Redemptor omnium Exaudi preces supplicum.	*Du gütiger Schöpfer der Sterne, Du ewiges Licht der Glaubenden, Christus, Erlöser aller Welt, erhöre die Bitten der zu Dir Flehenden.*
Qui condolens interitu Mortis perire saeculum Salvasti mundum languidum, Donans reis remedium.	*Du warst traurig darüber, dass die Welt durch die Vernichtung des Todes zugrunde geht, Du hast deswegen die sieche Welt geheilt und gabst den Sündern das Mittel zum Heil.*
Vergente mundi vespere Uti sponsus de thalamo, Egressus honestissima Virginis matris clausula.	*Zum Abend neigt sich schon die Welt; wie ein Bräutigam aus seinem Gemach kommst Du aus dem ehrbarsten Schoß der Mutter und Jungfrau.*
Cuius forti potentiae Genu curvantur omnia, Caelestia, terrestria, Nutu fatentur dubdita.	*Vor Deiner starken Herrschaft beugen sich alle Knie, himmlische und irdische Mächte bekennen sich untertan auf Deinen Wink hin.*
Occasum sol custodiens Luna pallorem retinens Candor in astris relucens Certos observat limites.	*Die Sonne hält sich an ihren Untergang, der Mond behält seine Blässe, der lichte Glanz scheint in den Sternen wider, alle achten sie die Grenzen, die Du ihnen setztest.*
Te deprecamur, hagie, Venture iudex saeculi Conserva nos in tempore, Hostis a telo perfidi.	*Dich bitten wir, Allheiliger, der Du einst als Richter der Welt wiederkommst, bewahre uns in der Zeit und wehre ab das Geschoß des bösen Feindes.*

Der Hymnus stammt von einem unbekannten Autor des 9. Jahrhunderts. Der Aufbau jeder seiner Strophen ist gekennzeichnet durch einen klaren Versaufbau: jede (Doppel)-Zeile besteht aus zweimal vier Jamben, einem Versfuß, der gekennzeichnet ist durch den Betonungsaufbau »unbetont-betont«.

Dieser Hymnus, der von Thomas Müntzer 1523 ins Deutsche übertragen wurde, hat in den katholischen und evangelischen Gesangbüchern als Kirchenlied »Gott, Heilger Schöpfer aller Stern« Eingang gefunden.

Der Hymnendichter nimmt seinen Ausgangspunkt vom Anblick des nächtlichen Sternenhimmels, der wie keine andere Naturerscheinung bis auf den heutigen Tag die Grundhaltung für den Hymnus als Preislied liefern kann: das Staunen. Die Weite des Raumes und die Vielzahl der Lichter ergreifen jeden, der sich auch nur etwas die Fähigkeit der Bewunderung erhalten hat. Auch für den Dichter ist diese Haltung der Ausgangspunkt seines Liedes. Der staunende Dichter nimmt aber mit dem Nachthimmel zugleich den Schöpfer in Augenschein, der dieses Werk in Gang gesetzt hat. Aber er fügt diesem »Conditor« (Schöpfer) gleich noch ein Adjektiv hinzu, das so gar nicht zu einem so großen und mächtigen Schöpfer passt, der die ganze Himmelsweite erschaffen hat. Das Wort »alme« meint: nährend, wohltätig, segensspendend, labend, erquickend und trifft damit eher auf eine Mutter zu als auf einen männlich-kräftigen Schöpfer. So kommt aber durch diese Wortwahl des Dichters das Väterlich-Mütterliche Gottes in Anrede. Daraus spricht die tiefe Überzeugung, dass der kraftvolle und große Schöpfer des Weltalls sein Werk vor allem aus Güte zu uns und zu unserem Wohlergehen geschaffen hat, nicht geschaffen dazu, dass wir es verzwecken und ausbeuten, sondern durch Staunen als Mitteilung Gottes erfahren mögen. Und er fährt in seiner Analogie »Schöpfung-Schöpfer« fort und sieht hinter dem strahlenden Licht der Gestirne das ewige Licht selbst, das dem Gläubigen in der Nacht seines Unglaubens aufleuchtet. Auch die dritte Zeile preist und redet persönlich den Christus, den Erlöser an, der ja in der tiefsten Nacht geboren werden wird. An Ihn ergeht in Erwartung seiner neuen Ankunft die Bitte: Erhöre!

In der zweiten Strophe geht der Hymnendichter wieder von einer alltäglichen Erfahrung aus, die wir alle im November und Dezember machen: Die Tage werden immer kürzer. Wenn es so weitergeht, dann ist irgendwann nur noch Nacht und Dunkel. Diese Finsternis wird in der Symbolsprache aller Kulturen mit dem Tod gleichgesetzt. Schon der griechische Hades als Reich der Schatten stellt eine Welt dar, in der es kein Licht gibt. Die Erfahrung der Sonnenwende im Winter hat deswegen auch in allen Kulturen und Religionen zum Feiern Anlass gegeben. Die Römer feierten an diesem astronomischen Datum ihren Gott »Sol invictus« und die frühen Christen übernahmen diesen Termin, um ihr Licht Christus zu feiern. Mit diesem neuen Licht Christus in Erwartung können wir nun auch unser eigenes Gefangensein in

Sucht (das Wort »Sucht« kommt nicht von »suchen«, sondern von »siech«) und Absonderung (das meint das Wort »Sünde«) aufbrechen lassen.

Die Strophen 3 und 4 sind Einladungen des Dichters, sich die objektiven Heilstatsachen des Glaubensbekenntnisses (»Für uns Menschen und zu unserem Heil ist er vom Himmel gekommen, hat Fleisch angenommen durch den Heiligen Geist von der Jungfrau Maria und ist Mensch geworden« und »Er sitzt zur Rechten des Vaters und wird wiederkommen in Herrlichkeit ...«) subjektiv und empfindungsgemäß im gesungenen Lied anzueignen. Der Dichter verwendet deswegen nicht theologische Begriffe, sondern eingängige und anschauliche Bilder. So regt der Hymnus uns dazu an, zu staunen und die Bedeutung der Ereignisse für uns selbst zu meditieren. Die Geburt Christi wird also vom Hymnendichter nicht diskursiv verhandelt, debattiert, historisch untersucht oder einer wissenschaftlichen Betrachtung unterzogen. Das mag vielleicht interessant sein, als Nahrung und segensspendende Gabe kann es uns nicht dienen. Hier im Hymnus geschieht der Umgang mit der Heilsgeschichte unter persönlicher Einbeziehung des Einzelnen, staunend und unter der Grundhaltung: der Inhalt der Theologie sind Wunder!

Dem »Abend der Welt« in der dritten Strophe liegt die Erfahrung der Abnahme des Tageslichtes zugrunde. Christus als Bräutigam, der Mutterschoß als Brautgemach, das sind Bilder, die bei jedem einen Empfindungsimpuls wecken. Selbst die beiden Begriffe Mutter und Jungfrau, die die Biologie überhaupt nicht zusammenbringen kann, sie werden vom Dichter direkt nebeneinandergesetzt, im Lateinischen ist da nicht einmal ein Komma dazwischen.

Aber es geht ja hier auch nicht um einen biologischen Sachverhalt, sondern um die innere Haltung Marias dem Worte Gottes gegenüber, das der Engel überbringt. Diese innere Haltung dem Wort Gottes gegenüber ist auch der fruchtbare Boden für den Hymnensänger, der uns mit seinem Gesang einlädt, uns auch selbst in diese Haltung einzuüben, uns mit unvoreingenommener Bereitschaft dem Worte Gottes, wo immer es uns trifft, zu öffnen.

Die vierte Strophe besingt diesen auf der Welt erscheinenden Christus als Allherrscher. Mit dieser Aussage zielt der Dichter zunächst auf seine Zeitgenossen, die sich in der Antike von Schicksalsmächten und von Auguren und den Deutern der Sternbilder knechten ließen. Er weiß, dass nur derjenige wirklich frei machen kann, dessen Macht nicht gebrochen werden kann. Wenn wir in die Gazetten und einschlägigen Zeitschriften mit ihren Horoskopen schauen, die heute massenhaft Verbreitung finden, könnten wir versucht sein, den Hymnus sehr modern zu finden. Wenn aber die Sterne nicht autonome Mächte der Natur sind, sondern wir sie begreifen als unter dem Wink des Schöpfers Stehende, verlieren sie ihre angstmachende und Abhängigkeit heischende Macht.

Die fünfte Strophe des Hymnus ist nicht in den Gottesdienst übernommen worden und erscheint deswegen auch nicht als Strophe im Kirchenlied. Hier ist sie angefügt, weil sie, wie die vierte, gegen eine auch heute noch aktuelle Haltung der Schicksalsgläubigkeit in Abhängigkeit von Dingen der Natur gerichtet ist, sei es durch höriges Befolgen der Anweisungen von Auguren, sei es durch ein Abhängigmachen unserer Entscheidungen von dem Stand der Sterne. Unser Hymnendichter setzt vor oder besser hinter all die Dinge der Natur den gütigen Weltenschöpfer, bei dem sie alle gut – und zwar im doppelten Sinn des Wortes – aufgehoben sind. Dadurch ist ihnen alle Bedrohlichkeit genommen, die sie nur dann besitzen, wenn wir sie als selbständig-autonome Wirklichkeiten verstehen.

In der sechsten Strophe fallt auf, dass plötzlich im lateinischen Text ein griechisches Wort erscheint. Der Titel »hagie« (heilig) ist griechischen Ursprungs und hat sich in der gewohnten täglichen Anredepraxis der Gläubigen bis lange nach der Umstellung der Kultsprache vom Griechischen ins Lateinische erhalten. Diese Strophe weitet den Blick über das weihnachtliche Geschehen der Ankunft des Christus hinaus auf sein zweites Kommen am Ende der Zeiten und fügt für die Zeit, in der wir nun leben, die dringenden Bitten an, er möge uns bewahren vor Unheil und er möge den ständig lauernden Widersacher abwehren.

ADVENTSHYMNUS

»Veni Redemptor gentium«

Veni, redemptor gentium
Ostende partum Virginis;
Miretur omne saeculum:
Talis decet partus Deum.

Nun komm, Du Erlöser der Völker,
zeige Dich als Sohn der Jungfrau,
es staune alle Welt darüber:
eine solche Geburt gebührt Gott.

Non ex virili semine,
Sed mxstico spiramine
Verbum Dei factum est caro
Fructusque ventris floruit.

Nicht aus männlichem Samen,
sondern durch geheimnisvollen Geisthauch
wird das Wort Gottes Fleisch
und blüht die Frucht des Leibes.

Alvus tumescit Virginis,
Claustrum pudoris permanet,
Vexilla virtutum micant,
Versatur in templo Deus.

Der Mutterleib schwillt an,
das Tor der Keuschheit bleibt verschlossen,
die Banner der Tugenden strahlen funkelnd:
Gott wirkt in seinem Tempel.

Procedat e thalamo suo,
Pudoris aula regia,
Geminae gigas substantiae
Alacris ut currat viam.

Er tritt hervor aus seinem Brautgemach,
dem königlichen Saal der Reinheit.
Als Held göttlicher und menschlicher
Wesenheit läuft er eilends seinen Weg.

Egressus eius a patre,
Regressus eius ad patrem,
Excursus usque ad inferos,
Recursus ad sedem Dei.

Sein Ausgang führt vom Vater,
sein Heimgang führt zum Vater,
sein Hinweg bis zur Unterwelt,
sein Rückweg zum Thron Gottes.

Aequalis aeterno patri
Carnis tropaeo accingere
Infirma nostri corporis
Virtute firmans perpeti.

Wesensgleich dem ewigen Vater,
rüste dich mit dem Siegeszeichen über das Fleisch.
Die Schwachheit unseres Fleisches
stärke mit nachhaltiger Kraft.

Praesepe iam fulget tuum
Lumenque nox spirat novum,
Quod nulla nox interpolet
Fideque iugi luceat.

Deine Krippe glänzt schon hell und klar
und die Nacht atmet ein neues Licht,
in das kein Dunkel mehr eindringen kann,
das im Glauben, nie versiegend, leuchte.

Übersetzung von Martin Luther:

Nun komm, der Heiden Heiland,
der Jungfrauen Kind erkannt.
Dass sich wundre alle Welt,
Gott solch Geburt ihm bestellt.

Nicht von Manns Blut noch vom Fleisch,
allein von dem Heilgen Geist
ist Gotts Wort worden ein Mensch
und blühet ein Frucht Weibes Fleisch.

Der Jungfrau Leib schwanger ward,
doch blieb Keuschheit rein bewahrt.
Leucht' hervor manch Tugend schön.
Gott war da in seinem Thron.

Er ging aus der Kammer sein,
dem königlichen Saal so rein.
Gott von Art und Mensch, ein Held,
sein' Weg er zu laufen eilt.

Sein Lauf kam vom Vater her
und kehrt wieder zum Vater,
fuhr hinunter zu der Höll
und wieder zu Gottes Stuhl.

Der du bist dem Vater gleich,
führ hinaus den Sieg im Fleisch,
dass dein ewig Gottsgewalt
in uns das krank Fleisch erhalt.

Dein Krippe glänzt hell und klar,
die Nacht gibt ein neu Licht dar;
Dunkel darf nicht kommen drein;
der Glaub bleibt immer im Schein.

Lob sei Gott dem Vater tan,
Lob sei Gott, seim eingen Sohn,
Lob, sei Gott dem Heiligen Geist
immer und in Ewigkeit.

Der Hymnus »Veni Redemptor gentium« ist einer der markantesten Hymnen des Ambrosius. Mit seinem »Veni« zu Beginn erinnert er an die O-Antiphonen der letzten sieben Tage vor Weihnachten, die alle auf den Ruf »veni« – »komm« hinzielen. Ambrosius allerdings hat den Hymnus nicht speziell nur für Weihnachten oder für den Advent gedichtet. Den gab es zu Ambrosius Zeiten in der uns geläufigen Form noch gar nicht. Er breitet deswegen in seinem Hymnus zunächst in »Er-Rede« die gesamte

Heilsgeschichte sowohl im Hinblick auf das erste Erscheinen Christi wie auch auf sein zweites Erscheinen bei jedem von uns und auch auf sein Erscheinen am Ende der Zeiten aus. Das Anliegen des Ambrosius ist es, das trockene Wort der Theologie in Bilder zu gießen, damit sie als frohe Botschaft von jedem angenommen, gesungen und verkündet werden können.

Früh schon finden sich Verdeutschungen. In der Straßburger Liederhandschrift findet sich bereits eine Übersetzung von hohen dichterischem Rang durch Heinrich von Laufenberg (1390–1458): »Kom har, Erloser Volkes Schar«. Wir kennen heute den Hymnus meistens in der Übertragung von Martin Luther als »Nun komm der Heiden Heiland«. Dessen Anliegen trifft sich mit dem von Ambrosius und so hat auch diese Übertragung ins Deutsche dem altkirchlichen Hymnus seinen Weg in die Herzen der Menschen gebahnt. Der Hymnus eröffnete einst die frühen Gesangbücher und stand mit seinem Sehnuchtsruf »Veni« – »Nun komm« – als große Pforte da, nicht nur für den Advent, sondern auch für das ganze Gesangbuch. An der geöffneten Pforte stehen mit Ambrosius und Luther nun aber zwei Gestalten, die sich über Jahrhunderte hinweg im guten ökumenischen Geist die Hand reichen, um dem HERRN der Welt mit dem Lobgesang der Gemeinde zu dienen. Hier habe ich eine möglichst wortgetreue Übersetzung gegeben, die trotz manches heute ungebräuchlichen Wortes zum Grundanliegen des Dichters führen kann: immer wieder neu das staunende Preisen zu lernen.

Der Hymnus hat eine erste Strophe, die schon früh wegen ihrer Holprigkeit nicht in die Gesangspraxis eingefunden hat:

Intend(e), qui regis Israel
super Cherubim qui sedes
appar(e) Ephrem cor(am), excita
potentiam tu(am) et veni.

Nun höre, König Israels,
der über Cherubinen thront,
und zeige dich vor Ephraim
in Deiner großen Macht und komm.

Die Strophe besteht aus einer Umdichtung des Anfangs von Psalm 80, die mit dem Wort »veni« endet. Die zweite Strophe beginnt ebenfalls mit »Veni«. So gewinnt der Ruf an Eindringlichkeit.

Wir können auch darin ein Anliegen sehen, die persönlichen Aussagen des Dichters an die überkommenen Formen der Gottesrede anzubinden und damit für eine Kontinuität der Sehnsucht zu sorgen, die in diesem »Veni« zum Ausdruck kommt.

Luthers Lied ist zunächst die Umdichtung dieses altkirchlichen Textes. Bei den 36 Liedern, die Martin Luther hinterlassen hat, handelt es sich in 32 Fällen um Nachdichtungen biblischer oder altkirchlicher Vorgaben. Der Reformator hat sich nicht einfach »etwas einfallen lassen«, sondern er knüpft bewusst und programmatisch an. Auch er ist auf Kontinuität bedacht. Wir wollen im folgenden beide Texte parallel betrachten.

Durch das Wörtchen »nun«, dass Martin Luther dem feierlichen »komm!« voranstellt, gewinnt der Eingang des Liedes etwas

Persönliches und zugleich Ungeduldiges: »nun komm!«, ein Seufzer wie ihn jedermann kennt, gekennzeichnet zugleich von der eschatologischen Spannung darauf, wann denn das letzte »nun« sich endlich einstellen mag.

Auch das mystische »nun« mag im Hintergrund stehen, von dem Meister Eckhart sprach, das große, nur im Glauben zu erfassende »nun« der Gegenwart Gottes, das Zeit und Stunde vergessen lässt. Das »nun« am Beginn dieses Adventsliedes schwingt geradezu zwischen seiner alltäglichsten und seiner eschatologisch-mystischen Letztbedeutung und eröffnet damit dem Kommenden Zeit und Raum – dem Heiland der Heiden. Ambrosius und Luther reden den Kommenden auf eine charakteristisch unterschiedliche Weise an, der trotzdem die gleiche Hoffnung zugrunde liegt: »Der Heiden Heiland« / »Redemptor gentium« – »Erlöser der Völker«. Modernes Sprachempfinden und gegenwärtige Spiritualität nehmen uns wohl eher für die Wendung des Ambrosius ein: die Völker verlangt nach Erlösung, nach Befreiung aus ungerechten Verhältnissen, aus Abhängigkeit und Ausbeutung. Demgegenüber klingt Luthers Bitte um das Kommen des Heilands der Heiden etwas altväterlich. Heute spricht man im Allgemeinen nicht mehr von Heiden. Wir haben inzwischen auch bemerkt, dass die Heiden nicht irgendwo weit draußen an den Rändern der christlichen Welt zu finden sind. Im Gegenteil, der Heide wohnt in unserem eigenen ungläubigen Herzen, welches mit der Weihnachtsbotschaft so wenig anfangen kann und sich heute mehr denn je mit dem christlichen Glauben schwertut. Vielleicht verstehen wir Luther besser, wenn wir übersetzen »Nun komm, der Heiden Heiland, auch zu dem Heiden, der in mir steckt und der ich selbst bin!« Luthers Fassung schließt das Universum der Völkerwelt nicht aus, aber sie legt das Gewicht auf den geistlichen Zustand des Menschen, auf seine geistliche Misere. Zu ihrer Heilung bedarf es weniger eines Befreiers, sondern eben eines Heilands. Auch das Wort Heiland ist inzwischen aus dem normalen deutschen Wortschatz, auch aus dem kirchlichen, nahezu ganz verschwunden. Es meint aber ursprünglich den Heilenden, den, der Leib und Seele heilen, der eine durch Sünde und Schuld verfahrene Situation bewältigen kann. Er, dessen Erscheinen der Hymnus feiert, ist der Heilende, dessen Nähe alle Menschen sehnsuchtsvoll suchen sollen, denen etwas fehlt, die etwas krankmacht. Und davon gibt es in der Gegenwart genug. Im ökumenischen Sinne: Gutes, Wohltuendes, Heilendes geht von ihm auf einzelne Menschen und auf ganze Völker aus.

Die erste Strophe will betend und entfaltend das Geheimnis besingen, wie diese finstere Welt durchdrungen und schließlich überwunden wird durch die Wirklichkeit des göttlichen Heils. »Nun komm«, so könnte man die erste Strophe umschreiben, »und zeige uns und aller Welt das zunächst unscheinbare, dann aber alles verändernde und umwälzende Mysterium, in dem alles Heil beschlossen liegt! Alle Zeiten haben Anlass zum Staunen!«

Beinahe rührend wendet sich Ambrosius mit der entsprechenden Zeile an den

Erlöser der Völker selbst: »Ostende partum virginis«, »zeig die Geburt der Jungfrau« – mach uns klar, was es mit der Geburt der Jungfrau auf sich hat!

Das, was hier geschieht, hat globale weltgeschichtliche Ausmaße. Alle Völker werden zusammengeschlossen, nicht durch die weltumspannende Macht der römischen Heere – heute: nicht durch die Globalisierung, durch die internationalen Konzerne, durch weltweite Militäreinsätze, auch nicht durch die Vereinten Nationen, nicht durch Dollar und Euro, nicht durch eine alles nivellierende Zivilisation –, sondern durch ein mystisches Geschehen von universaler Heilskraft.

Woran sieht man das? Antwort: der Retter der Völker hat sich als Kind einer Jungfrau zu erkennen gegeben. Der Heiden Heiland kommt durch das Wunder einer überirdischen Geburt. Wunder sind der Inhalt der Theologie und die diesem Sachverhalt angemessene Haltung ist das Wundern und das Staunen. Als frohe Botschaft gilt ein Geheimnis, um welch ein Kind, um die Geburt welches Kindes es sich hier handelt! Der Retter, der Befreier der Völker ist im Kommen!

Die nächsten Strophen entfalten die Heilsgeschichte Gottes mit den Menschen in zarten, fast mystischen und doch sehr ausdrucksstarken Bildern. In ihnen herrscht die Er-Rede.

In den Strophen zwei und drei versucht Ambrosius das Geheimnis um des Heilands Geburt aus der Jungfrau Maria in poetischen Bildern zu erfassen. Das gelingt ihm, weil er sich streng an biblische Vorgaben hält: »Siehe, Du wirst schwanger werden und einen Sohn gebären, dessen Namen sollst Du Jesus heißen. [...] Der Heilige Geist wird über Dich kommen, und die Kraft des Höchsten wird Dich überschatten; darum wird auch das Heilige, das von Dir geboren wird, Gottes Sohn genannt werden« (Lukas 13,31–35). Luther möchte in seiner Übersetzung an der schönen, mariologisch getönten Formulierung »Fructusque ventris floruit« – und die Frucht des Leibes erblüht, festhalten. Dabei ist ihm aber offenbar das Geheimnis selbst wichtiger als dessen sprachlicher Ausdruck. Deswegen bleibt seine Zeile »und blühet ein Frucht Weibes Fleisch« unverständlich. Kein Wunder also, dass diese Strophe sich im gegenwärtigen Gesangbuch nicht findet.

In den nächsten drei Strophen wird in Er-Rede das Geheimnis wieder in Bildern und Symbolen ausgesprochen, so wie es denn dem Geheimnis auch zukommt. Die Sprache der Mystik, angereichert und legitimiert durch die Auslegungsgeschichte des biblischen Hohen Liedes leiht hier ihre Bilder: der geheimnisvoll Kommende tritt aus der Kammer, aus der Wohnstätte der Gottheit; er verlässt den königlichen Saal; oder mit der johanneischen Wendung gesagt: »er geht aus« vom Vater, indem er doch bleibt.

Ambrosius verbindet mit den mystischen Bildern freilich zugleich eine steile christologische Aussage, indem er den Kommenden als »geminae gigas substantiae«, als »Helden der doppelten« – nämlich der göttlichen und menschlichen – »Substanz« (der »zwei Naturen« wie die späteren Dogmatiker sagen werden) preist. Luther übersetzt das wörtlich: »Gott von Art und Mensch, ein Held; sein' Weg er zu laufen eilt«. Dieses »Gott von Art und Mensch« übernimmt Luther dann auch in sein Weihnachtslied »Gelobet seist Du, Jesu Christ«: »der Sohn des Vaters, Gott von Art.« Den »Gotthelden« finden wir natürlich schon bei Jesaja 9,5 und im Psalm 19,6.

In der fünften Strophe wird die ganze Weltgeschichte in einem Bogen von zwei Zeilen zusammengefasst. Es geht so knapp, dass sich der gesamte Vorgang in einem weiteren Zeilenpaar aber noch einmal wiederholen lässt. In der Formulierung des Ambrosius lauten die entscheidenden Begriffe »egressus« und »regressus«, »excursus« und »recursus« – das Grundschema, nach dem Thomas von Aquin die Summa seiner Theologie entfalten wird. Der geheimnisvoll Kommende kommt von weit her, aus der Kammer der Verborgenheit Gottes, aus dem königlichen Saal ewiger Freude, vom Vater – und dahin kehrt er wieder zurück. Das macht ihn aus, das konstituiert seine Identität, sein Woher und sein Wohin. Was ihm zwischendurch widerfährt, kann seine Identität nicht beeinträchtigen. Im Gegenteil, seine Identität befähigt ihn dazu, alles »Zwischendurch« zu bestehen. Luther bleibt hier ganz nah am Original mit seiner Wortwahl von »Ausgang« und »Heimgang« und »Hinweg« und »Rückweg«.

Luther übersetzt das »inferos« des Ambrosius mit »fuhr hinunter zu der Höll«. Dabei denkt Luther vermutlich nicht nur wie Ambrosius an das Totenreich. Der Kommende fährt hinunter in die Hölle von Anfechtung und Todesangst, Schuldbeladenheit – hier wieder deutlich aufs Individuelle zielend! – und Verzweiflung. Ambrosius denkt an den »Hades«, an das Reich der Schatten. Luther eher an die Hölle. Der Kommende fährt hinunter in meine Hölle – und er erweist sich dort als der »Heiden Heiland«. Deswegen kann man ihn in aller Anfechtung anrufen und bitten, dass er auf dem Feld der Schwachheit unseres Fleisches seine ewig Gottsgewalt zum Einsatz bringe wie es in der sechsten Strophe heißt, die im Gesangbuch leider nicht mehr enthaltenden ist.

Es muss Luther sympathisch gewesen sein, dass Ambrosius in der siebten Strophe zur direkten Anrede zurückkehrt: »Praesepe iam fulget ***tuum*** – ***Deine*** Krippe glänzt schon hell und klar.« Also nicht nur ein schönes Symbol – das Kind –, auch nicht nur Spekulationen – »egressus« und »regressus« –, sondern für Luther wie Ambrosius die Krippe von Bethlehem als Verweis in die konkrete, harte, blutige, von Herodes und Pilatus geprägte historische Wirklichkeit. Die Krippe gehört zu dem Kommenden wie das Kreuz. Krippe und Kreuz fordern den Glaubenden heraus und beginnen ihm doch zu funkeln und zu strahlen, wenn er sie persönlich anredet:

Dein *Krippe glänzt hell und klar,*
die Nacht gibt ein neu Licht dar;
Dunkel darf nicht kommen drein;
der Glaub bleibt immer im Schein.

Im katholischen Gotteslob steht übrigens nicht die Lutherübersetzung, sondern die von Markus Jenny, der nicht nur das Versmaß des originalen Jambus in den Daktylus seiner Fassung verändert: »Komm, Du Heiland aller Welt« (Neues GL 227), sondern auch auf das für das Verständnis so entscheidende Beziehungswort »Dein« bei der Krippe verzichtet.

Aber man sieht die Krippe nicht leuchten, wenn man sie nur als die Krippe anschaut. Eine Futterkrippe besteht aus Holzbrettern und man sähe ihr keinerlei weltgeschichtliche Bedeutung an, selbst wenn man vor ihr stehen könnte. Das Geheimnis der Krippe erschließt sich einem erst, wenn man die Krippe aus Holz gleichsam vergisst und sagen kann: »Deine Krippe – Dein Kommen, Deine kümmerliche Geburt«. Weihnachten erschließt sich, so paradox es klingen mag, erst dann, wenn man das Kind in der Krippe vergisst und den in die Krippe Gelegten selbst anreden kann: »Du!« Krippe und Kind sind tiefe Symbole, die ihre psychologische, soziologische und sogar politische Bedeutung haben. Aber Kind und Krippe von Bethlehem leuchten erst, sie bringen Licht ins Dunkel erst, wenn wir im Widerspruch gegen das, was wir äußerlich an Krippe und Kind wahrnehmen, sagen können: »Du – Heiland der Heiden, Du Erlöser der Völker, Du Retter der Welt«. Der Heiland der Welt, der in ihr liegt, er bringt das erbärmliche Holzgestell der Krippe zum Leuchten mit einer Leuchtkraft, die durch die Jahrhunderte geht, durch Krankenzimmer und Gefängniszellen, die hineinreicht in unsere Ängste und mitunter verqueren Hoffnungen, in unsere Trauer, unsere Lieblosigkeit und Einsamkeit. Bei aller Orientierungslosigkeit – hier ist ein heller und klarer Orientierungspunkt, hier ist der Stern, der über allem stehen wird, was wir erleben.

Die Krippe hat sich nicht in Gold und Edelstein verwandelt, weil der Heiden Heiland in sie gelegt wurde, aber sie leuchtet. Die Nacht wird nicht einfach von einem neuen Morgen abgelöst, aber: »Die Nacht gibt ein neu Licht dar.« Die Nacht muss, obwohl sie Nacht bleibt, ein neues, unerhörtes Licht abgeben. Wunderbar in der Vorlage des Ambrosius: »Lumenque nox spirat novum – die Nacht atmet ein neues Licht«. Habt keine Angst vor dem harten Holz eines sehr alltäglichen Alltags, auch nicht vor der Nacht des Leidens und des Sterbens: nun, da der Heiden Heiland erschienen ist und damit den Krippen und Kreuzen und Nächten die Macht genommen hat, euer Leben ernsthaft zu bedrohen oder gar zu zerstören, nun könnt ihr euch auf jedwede Nacht einlassen: ein neues, unerhörtes, nämlich das unerschaffene Licht wird sie atmen und ausstrahlen. Es ist eine Nacht, in die kein Dunkel eindringen darf! Der Glaube – das Lutherdeutsch ist an dieser Stelle etwas unverständlich geworden – »der Glaub bleib' immer im Schein«, er bleibe und lebe immer im Schein dieses Lichtes, im Leuchten dieser Nacht.

Wer Weihnachten zu begreifen anfängt, der ahnt, dass er im Lichtkreis der Krippe es mit der Nacht aufnehmen kann. Wohin der Heiden Heiland kommt, da geraten auch die Menschen ins Gehen und Kommen, sie lassen sich nicht mehr imponieren von der Härte der Krippen und vom Dunkel der Nächte. Allemal ist es Grund zum Lobpreis.

Wie wir an der Übersicht sehen, gehört die lutherische achte Strophe nicht zum ursprünglichen ambrosianischen Text – sie wurde vielmehr angefügt zum Ausweis der Rechtgläubigkeit eines Textes gegenüber den arianischen Formulierungen, welche das eine Wesen der zwei Personen nicht anerkannten. Aber ich denke, Luther geht es darum, den nun wirklich fälligen Lobpreis des dreieinigen Gottes auszusprechen und darzubringen.

Eine geheime innere Bewegung flutet durch den ganzen Hymnus: Er beginnt mit einer inbrünstigen sehnsüchtigen Bitte: »nun komm!«, er überlässt sich dann der nachdenkenden Meditation – »Er ging aus der Kammer sein ...«, schwingt sich zur direkten Anrede an den ja bereits Gekommenen auf: »Dein Krippe glänzt hell und klar«, und er endet im großen Lobpreis: »Lob sei Gott dem Vater tan ...«

Ich frage, soll der Erwartete noch kommen, oder ist er im Singen des Hymnus bereits dar? Erfüllt sich nicht im Singen schon dieses »nun« der Gegenwart Gottes? Denn – das Präsens sagt es deutlich – die Krippe leuchtet ja schon und doch drängt es uns, in den Sehnsuchtsruf stets neu einzustimmen: »Nun komm«.

Wir haben gesehen, dass sich objektive Aussage und subjektive Aneignung auf unerwartete Weise in diesem Lied verbinden. Zwar sind Ambrosius und Luther ja nur auf dem Weg über einen Text miteinander in Beziehung zu bringen, aber ich denke, dass bei unserer Betrachtung etwas spürbar geworden ist von der objektiven Gemeinsamkeit, die über das, was der einzelne einzubringen hat, weit hinausgeht. Für mich kommt beim gemeinsamen Singen dieses Liedes die Wirklichkeit der einen Kirche Jesu Christi zum Vorschein. Der gemeinsame Glaube leuchtet hier auf. Dieses Lied lässt wie durch einen Brunnenschacht der Jahrhunderte – über die Kirche der Reformation, des Ambrosius von Mailand und sogar des Konzils von Nicäa/Konstantinopel – den Blick auf die Quellen selbst fallen: auf das Bekenntnis zu Jesus Christus, wie es im Neuen Testament gefasst ist, ja auf das geheimnishafte Geschehen der Inkarnation selbst, das den Strom lebendigen Wassers ausgelöst hat.

HYMNUS ZU WEIHNACHTEN UND EPIPHANIE

»A solis ortus cardine«

Strophen 1 bis 7 und 8 bis 12

A solis ortus cardine
Adusque terrae limitem
Christum canamus principem,
Natum Maria virgine.

Von der Türangel des Aufgangs der Sonne
bis zur Grenze der Erde
lasst uns Christus als Fürsten besingen,
der geboren wurde aus Maria der Jungfrau.

Beatus auctor saeculi
Servile corpus induit,
Ut carne carnem liberans
Non perderet quod condidit.

Der selige Schöpfer der Zeit und der Welt
nimmt den Leib des Knechtes an,
um durch das Fleisch das Fleisch zu befreien,
dass nicht zugrunde gehen, die er erschaffen hat.

Clausae parentis viscera
Caelestis intrat gratia;
Venter puellae bajulat
Secreta quae non noverat.

Die himmlische Gnade tritt ein
in den keuschen Schoß der Mutter.
Die Jungfrau trägt in ihrem Schoß Verborgenes,
von dem sie nichts gewusst.

Domus pudici pectoris
Templum repente fit Dei,
Intacta nesciens virum
Verbo concepit Filium.

Das Haus der herzensreinen Magd
wird plötzlich zum Tempel Gottes.
Die Jungfrau, die keinen Mann erkennt,
empfängt durch das Wort den Sohn.

Enixa est puerpera
Quem Gabriel praedixerat,
Quem matris alvo gestiens
Clausus Johannes senserat.

Geboren hat das Mädchen,
den Gabriel vorausgesagt
und den, frohlockend in der Mutter Leib
eingeschlossen, Johannes erspürt.

Feno iacere pertulit,
Praesepe non abhorruit,
Parvoque lacte pastus est
Per quem nec ales esurit

Er hielt es aus, zu liegen auf Stroh,
und scheute die Krippe nicht,
mit etwas Milch wird genährt,
durch den nicht einmal ein Vogel hungert.

Gaudet chorus caelestium
Et angeli canunt Deo,
Palamque fit pastoribus
Pastor creator omnium

Es freut sich der Himmlischen Chor
und Engel singen Gott.
Offenbar wird den Hirten der Hirt,
der Schöpfer aller Ding.

Hostis Herodes impie,
Christum venire quid times?
Non eripit mortalia
Qui regna dat caelestia.

Herodes, du gottloser Feind,
was fürchtest du, dass Christus kommt?
Er, der ein ewiges Reich bereithält,
raubt kein irdisches.

Ibant magi, qua venerant
Stellam sequentes praeviam,
Lumen requirunt lumine,
Deum fatentur munere.

Die Magier kamen von weit und
folgten dem vorausgehenden Stern,
mit dem Licht suchen sie das Licht,
bekennen Gott durch ihr Geschenk.

Lavacra puri gurgitis
Caelestis agnus attigit;
Peccata quae non detulit
Nos abluendo sustulit.

In das Wasser des reinen Quells
taucht das himmlische Lamm,
Sünden, die es nicht beging, nahm es auf sich ,
uns damit reinwaschend.

Novum genus potentiae:
Aquae rubescunt hydriae,
Vinumque iussa fundere
Mutavit unda originem.

Ein neuer Beweis der Macht:
Die Wasser röten sich in den Krügen,
geheißen, als Wein zu strömen,
wandelt Wasser sein Wesen.

Iesu, tibi sit gloria,
Qui te revelas gentibus
Cum Patre et almo Spiritu
In sempiterna saecula. Amen.

Ehre sei dir, Jesus,
der Du Dich den Heiden offenbarst,
mit dem Vater und dem Geist
durch alle Zeit und Ewigkeit. Amen.

Diesen Hymnus verdanken wir Caelius Sedulius († um 430), einem Dichter, der noch in der Antike wurzelt und zugleich aus christlichem Glaubensgut lebt. Der Hymnus besingt das Leben Christi in 23 Strophen als Abecedar, das heißt jede Strophe beginnt mit einem Buchstaben nach der Reihe des Alphabets oder, wenn wir so wollen: er besingt das Leben Christi von A bis Z. Wir kennen diese Form der Dichtung bereits aus den Psalmen (vgl. Psalm 119).

Die vorliegenden 12 Strophen des Hymnus begleiten das Offizium der Laudes vom Weihnachtsmorgen bis zum Festgeheimnis von Epiphanie, zu dem nach alter Tradition auch die Taufe Jesu und die Hochzeit zu Kana gehören, die einst zusammen mit den drei Weisen die »tres miracula« des Festes bildeten. Das wichtigste Stilmittel des Hymnus ist das Paradoxon, das fast alle Strophen durchzieht. Das Paradoxon ist eine der Erwartung zuwiderlaufende Formulierung, es wird aber in der religiösen Sprache auch als der angemessene Ausdruck für eine Wahrheit gebraucht, die im Erstaunen oder im Wundern erfasst werden will.

Die Aufforderung zu singen mit »canamus«, einem Hortativ, also einer Aufforderungsformel, erinnert uns auch daran, dass das Singen zu diesem Fest von vornherein dazugehört. Es ist unsere Fortsetzung des von den Engeln gesungenen »Gloria in excelsis – Ehre sei Gott in der Höhe« und dem Preislied der Hirten: »Und die Hirten kehrten wieder um, priesen und lobten Gott ...« (Lukas 2,20). Das Motiv des Einstimmens in einen in der himmlischen Sphäre begonnenen, von den Hirten aufgenommenen Gesang ist in vielen Weihnachtsliedern ein wiederkehrendes Motiv. Die Resonanz der Ereignisse im Gesang, die dadurch sozusagen aktualisiert werden, ist so im Aktionsgefüge der Weihnachtsgeschichte selbst angelegt und breitet sich durch Weitergabe stetig durch die Jahrhunderte hindurch aus: Tradition nennt sich das.

Die erste Strophe ist Aufforderung zum Bekenntnis durch Singen! Bei der Türangel des Aufgangs der Sonne klingt zunächst jenes Tor nach, das sich nach antikem Verständnis öffnet, wenn Helios, der Sonnengott, zu Tagesbeginn ausfährt. Neben der damit getroffenen räumlichen Aussage (Erdkreis) ist damit auch die Zeitdauer des Tages gemeint und eine zeiträumliche Totalität ausgesagt.

Die Titulatur »principem« – Fürst, Herrscher, greift Lukas 1,33 auf (»er wird ein König sein über das Haus Jakob«). Vom Wortsinn her meint »princeps« (zusammengesetzt aus »primus« und »capere«) den Ersten, den Vornehmsten und Angesehensten, ist also ein Superlativ! Was »princeps« bedeutet, führt der Hymnus im Kolosserbrief aus: »Er ist der Ursprung, der Erstgeborene der Toten; so hat er in allem den Vorrang« (Kolosser 1,18).

Anlass zum Gesang ist die glückliche Geburt eines Kindes, von dem es bei Lukas 2,11 heißt: »Euch ist heute der Heiland geboren, welcher ist Christus der Herr«. Die Strophe stellt die Geburt als einen Akt der Befreiung dar (»liberans«), denn dass der Schöpfer selbst als Menschenkind in die Welt kommt, macht der Todverfallenheit der Menschen ein Ende. Auffällig ist, dass

Sedulius mit seinem »induit« das Tempus des Präsens wählt: es geht ihm darum, darzutun, dass der Schöpfer die Knechtsgestalt an jedem Weihnachten in jedem Mitfeiernden in Brot und Wein anzieht!

Auch die dritte Strophe bleibt im Präsens, denn sie weiß, dass die Geburt des Gotteskindes in den die Weihnacht Feiernden Gegenwart ist (vgl. Johannes 1,14) und auf den Armen der gehalten wird, der alles im Dasein erhält durch seine Gnade.

Dass der Eintritt durch für andere verschlossene Türen geschieht (»clausae«) ist hier Bild für die Jungfräulichkeit Mariens, es wird nach Ostern Bild für die neue verklärte Gestalt des Auferstandenen, der bei verschlossenen Türen (Johannes 20,19) den Aposteln erscheint. In beiden Bildern geht es um denjenigen, der Frieden aus der Wahrheit des Wortes bringt. Die 3. und 4. Strophe verwenden für den Ort, an dem dieser Eintritt geschieht, verschiedene Bilder. Das in der dritten Strophe schon eingeführte »viscera – Eingeweide« meint den Schoß als den Ort der bergenden, barmherzigen Liebe. Das »venter« der dritten Zeile ist die Übersetzung des griechischen »koilia«, das etymologisch verwandt ist mit »Höhle«. Diese Höhle spielt auch in der Bildwirklichkeit der Weihnachtsikone eine zentrale Rolle und spannt den Verständnisbogen bis hin zu Jona (Jona 2,1). So ist »venter« der Bildort für das Hinabsteigen des Menschensohnes in die Tiefe, ins Grab der Erde, das aber durch ihn und seine Auferstehung auch zum Schoß neuen Lebens wird.

Diesem Ortsbild fügt die vierte Strophe hinzu »pectus – Herz«, »domum – Haus« und »templum – Tempel«. Das sind Orte des Geistes, zu denen auch wir durch Hören des Wortes im Heiligen Geist eingeladen sind, sie in uns aufbauen zu lassen.

Sedulius ist Dichter, und Dichter malen mit ihren Worten. Auch der Vorgang der Empfängnis ist vorrangig Bild. Das wird in der Formulierung »verbo concepit Filium« deutlich. Hintergrundfolie ist das Gleichnis vom Sämann (Lukas 8,4ff). Bei Maria ist der »Same des Wortes« (Lukas 8,11) auf guten Boden gefallen, sie hatte Ohren, die hören (Lukas 8,8). Die beiden nächsten Strophen ergänzen den bisherigen Duktus des Hymnus, der sich im Rückblick und Vorausblick so darstellt:

Strophen 1, 2:

Die Aufforderung zum Besingen des Heilsplanes Gottes.

Strophen 3, 4:

Die Ausführung des Heilsplanes im Geheimnis des Neubeginns; die Dynamik des Mysteriums.

Strophen 5, 6:

Die Ausführung des Planes im sichtbaren Geschehen des bei Lukas Erzählten; die Dynamik der Inkarnation.

Strophe 7:

Schluss- und Rahmenstrophe

In den beiden nächsten Strophen bezieht der Hymnus deshalb verdichtet die Verkündigung und des Johannes Vorgeschichte mit ein. Damit wird auch die Vorzeitlichkeit der Heilsgeschichte thematisiert: »praedixerat« und »senserat« sind Plusquamperfekte! Nach der verborgenen Kugelgestalt von »venter« wird durch die Nennung der rechteckigen Krippe auch der Ankunft im Sichtbaren Gestalt verliehen. Der Engel Gabriel und der Täufer Johannes sind Boten!

In Parallele zu den paradoxen Wendungen von Strophe 3 »Beatus auctor – servile corpus«, dort als Plan formuliert, setzt die sechste Strophe zum Abschluss eine weitere Paradoxie, hier als Ereignis formuliert: Das Wort des Vaters hielt aus, zu liegen auf Stroh, durch den nicht einmal ein Vogel hungert. Stroh, Vogel, Milch, Futterkrippe sind hier Bildelemente, die auf die Ankunft im Sichtbaren, in der Natur verweisen: Mit der Inkarnation ist die Herrlichkeit Gottes zu ***sehen***. Die Strophe wendet sich mit dem Vogel dann wieder Himmlischem zu, von dem abschließend die siebte Strophe kündet – das irdische Leben nun aber mitnehmend und einbeziehend.

Die siebte Strophe schließt die eigentliche Weihnachtserzählung von der Geburt ab. Sie nimmt das Singen der ersten Strophe wieder auf. Und auch das »saeculi« dort klingt im »omnium« des Alls wieder an. Sie verbindet das Singen der Engel mit unserem Singen und bringt nun schlussendlich zusammen: die Engel als Boten und Kultträger, die Hirten als Wachende und Verkünder und den Schöpfer des Alls. Die Schlussstrophe tituliert ihn als »Hirt« und schließt diesen Teil des Hymnus in davidischer Königsterminologie ab. Mit dieser kann Sedulius an die nächsten Strophen anschließen, die vom ganz anderen König Herodes und von den Weisen aus dem Morgenland singen.

Eine Anrede im Vokativ eines Fragesatzes an den »Herodes impie – gottlosen Herodes«? Welche Überraschung, da sie doch in der Liturgie nur Gott, Christus oder Heiligen gebührt. Was ist »impius«? »Pius« ist die Haltung eines Vaters einer Großfamilie, der Sorge zu tragen hat für den Lebensunterhalt aller ihm Anvertrauten. Übertragen auf den politischen Bereich meint es den gottesfürchtigen Herrscher, der seinen Pflichten gegenüber der Gottheit und dem Gemeinwesen nachkommt. »Impius« ist also von all dem das Gegenteil: der gottlose Machtmensch, der über Leichen geht.

Das »hostis – Feind« bezieht sich nun auf den, der in der Geburt des unbekannten Kindes, welches die Schriftgelehrten als »dux, qui regit populum meum« (Micha 5,1) ausweisen, einen Rivalen aufkommen sieht, der zu eliminieren ist. Die Angst des Herodes (»quod times – was fürchtest du«) zwingt ihn in das Muster des Machterhalters. Er kann nicht das Neue erkennen, das mit dem Neugeborenen in die Welt kommt. Was ist das Neue? Die »regna caelestia«, die eine vom Himmel her bestimmte Wirklichkeit sind, haben nichts gemein mit den regna mortalia. Sie bedrohen sie deswegen auch nicht.

Nach dem »Hostis Herodes« sind im Hymnus in der I-Strophe nun die Magier an der Reihe. Sedulius präsentiert sie uns als das positive Gegenbild zum gottlosen Christusfeind. »Deum fatentur munere« – sie bekennen mit ihren Geschenken das Kind in der Krippe als Gott. Für Herodes dunkle Bedrohung, für die Magier das Licht, dem sich alle anderen Lichter verdanken. Der Stern ist dabei nicht nur Wegweiser, sondern in seiner lichten Natur schon der Anzeiger der übernatürlichen Erleuchtung, die sie im Kind Gott erkennen lässt: sie knien nieder und beten an.

Erst ein Jahrhundert vor Sedulius war die Huldigung der Magier zum Bildgegenstand geworden. Dabei wurde die weltliche Bildvorlage, der Tribut der Barbaren an den Kaiser, einfach von den christlichen Künstlern übernommen und auf den neugeborenen König übertragen. Wunderbar: Hier wird nicht nur ein Bild aus den »regnalia mortalia« einfach in ein Bild der »regna caelestia« übertragen, sondern noch deutlich gemacht, dass der neugeborene König auch einer für die Heidenvölker ist.

Lautmalerisch spricht die L-Strophe von den »Lavacra puri gurgitis«, dem Bad eines reinen Wasserstrudels, die zweite von einem himmlischen Lamm (»caelestis agnus«), das da hineintaucht und – es gibt keinen Subjektwechsel – nicht sich, sondern uns waschend, Sünden auf sich nimmt, die es nicht begangen hat. Sedulius zieht hier die Geschichte von der Taufe Jesu im Jordan bei den drei synoptischen Evangelien zusammen mit dem, demselben Zusammenhang angehörenden johanneischen Wort vom Lamm: »Siehe, das Lamm Gottes, das hinwegnimmt die Sünden der Welt« (Johannes 1,29; vgl. 1 Johannes 3,5). Hier lässt sich ein Unschuldiger wie ein Schuldiger behandeln. Er nimmt so den anderen die Sündenlast ab. Aber Sedulius stellt der Vergebung die Reinigung zur Seite: »nos abluendo«. Damit führt er noch die Taufe ein. Der Vierzeiler enthält damit eine hochkonzentrierte Erlösungslehre. In der Bildmitte steht das Wasser.

Die N-Strophe richtet sich auf die Hochzeit zu Kana. »Hydriae« sind Wasserkrüge, welche die Juden zur Reinigung (vgl. Johannes 2,6) benutzen. Mit ihnen klingt noch einmal das Thema von Wasser und Reinigung aus der vorigen Strophe an. Aber das Wasser wandelt jetzt seine Natur: »mutavit unda originem«. Zum Hochzeitstrunk wird, was zum Reinigen bestimmt war. Diese Wesensänderung stellt die erste Zeile des Hymnus mit den Worten »Novum genus potentiae« (»Ein neuer Beweis seiner Macht«) vor. Der Hymnus deutet die Wesensänderung als des Lammes Christi neue Kraft und Wirksamkeit: »geheißen, als Wein zu strömen«.

So weist das »novum« einerseits auf den Beginn der Zeichen hin, die Jesus wirkt, andererseits nach Magiererscheinung und Taufe auf einen weiteren Erweis seines machtvollen Erscheinens. Die drei darin lebendigen Elemente Licht, Wasser und Wein – sakramental konnotiert – gehörten zum Epiphaniasfest. Im Festkalender waren sie auf die Sonntage nach Erscheinung verteilt. Durch den nachkonziliar verfügten Beginn des Jahreskreises mit der Taufe am Sonntag nach Epiphanie ist nicht nur diese Trias verschwunden, sondern auch die Weihnachtszeit allzu abrupt zu Ende.

Die nicht von Sedulius stammende liturgische Schlussdoxologie »Gloria tibi Domine« greift den Grundgedanken des Hymnus vom Fest selbst noch einmal auf: »qui te revelas gentibus« – »der Du Dich den Völkern offenbarst«. Das Präsens macht deutlich, dass diese Offenbarung, diese Theophanie hier und jetzt in der Liturgie singend und feiernd geschieht.

Mit dem Hymnus haben wir theologisch fundierte, bilddichte Poesie, gearbeitet aus Motiven der Hl. Schrift (Lukas und Johannes) und eben ein bewunderungswürdiges Beispiel jenes altkirchlichen Bekenntnisses, das sich in Bildern und Paradoxa aussagt. Die ersten sieben Strophen des Hymnus (also der weihnachtliche Horizont) leben in einer deutschen, von Martin Luther 1524 verfassten Übersetzung fort: »Christum wir sollen loben schon«. Aus diesem Choral ist eine Kantate mit gleichem Namen von Johann Sebastian Bach entstanden. Viele Motive dieses Hymnus finden sich wieder in Luthers Weihnachtslied »Gelobet seist Du Jesus Christ«. Hier zeigt sich im Gesang, wie Kontinuität die Leitidee sein kann, die Tradition (Rückbindung an die Wurzeln) und Entwicklung zu Neuem zu verbinden vermag.

HYMNUS ZUM FEST DER DARSTELLUNG DES HERRN

»Adorna, Sion«

Adorna, Sion, Thalamum,
Quae praestolaris Dominum;
Sponsum et sponsam suscipe
Vigil fidei lumine.

Schmücke, Sion, dein (Braut-)Gemach,
die du des Herren harrest.
Empfange Bräutigam und Braut
wachend mit des Glaubens Licht.

Beate senex, propera,
Promissa comple gaudia
Et revelandum gentibus
Revela lumen omnibus.

Seliger Greis, beeile dich,
bring zur Erfüllung die (dir) verheißenen Freuden
und offenbare allen Völkern
das (allen Völkern) zu offenbarende Licht.

Parentes Christum deferunt,
In templo templum offerunt;
Legi parere voluit
Qui legi nihil debuit.

Die Eltern bringen Christus dar,
opfern im Tempel den Tempel;
das Gesetz wollte erfüllen er,
der dem Gesetz nichts schuldete.

Offer, beata, parvulum
Tuum et Patris unicum;
Offer per quem offerimur,
Pretium, quo redimimur.

Bring dar, Glückselige, deinen Kleinen,
der zugleich des Vaters einziger Sohn ist;
bring dar, durch den wir dargebracht werden,
den Preis, durch den wir erlöst werden.

Procede, virgo regia,
Profer Natum cum hostia;
Monet omnes ad gaudium
Qui venit salus omnium.

Königliche Jungfrau, tritt vor,
bring mit dem Opfer dar den Sohn;
zur Freude mahnt alle er,
der kommt als das Heil aller.

Iesu, tibi sit gloria,
Qui te revelas gentibus,
Cum Patre et almo Spiritu,
In sempiterna saecula.
Amen.

Jesus, der Du Dich den Völkern offenbarst,
Dir sei Ehre und Herrlichkeit
mit dem Vater und dem Geist
in alle Ewigkeit.
Amen.

Der Hymnus von Petrus Abaelardus (1079–1142) ist mit Ausnahme der letzten Strophe, der Doxologie, eine Reimdichtung mit dem Reimschema *aabb*. Er zeigt uns, dass die Hymnendichtung, die mit Ambrosius beginnt, nun auch Formen des späteren Mittelalters übernimmt. Aber er behält seine Grundbedingung bei, die ihn zum Hymnus macht: er ist Anrede, er nimmt Beziehung auf in der Du-Rede. In die Anredestrophen ist die dritte Strophe eingebaut, die in erzählender Rede nicht nur sagt, was geschieht, sondern es auch für uns und auf uns hindeutet.

Die erste Strophe redet die gläubige Seele im Bild der Tochter Sion an. Sie fordert sie auf, sich zu schmücken und sie greift dazu das Bild vom Gleichnis der sieben klugen und sieben törichten Jungfrauen auf (Matthäus 25,1–13), die mit ihrem Glaubenslicht Braut und Bräutigam empfangen mögen. Die dieser Strophe entsprechende 6. Strophe, die Doxologie, bildet mit der ersten damit einen schönen Rahmen.

Die zweite Strophe redet den greisen Simeon an und fordert ihn auf, davon Zeugnis zu geben, dass mit dem Erscheinen dieses Christus, der da im Tempel dargestellt wird, die alttestamentliche Verheißung in Erfüllung gegangen ist und dass dieser Christus das allen Völkern zu offenbarende Licht ist. Diese Lichtthematik stellt eine Beziehung zum Festdatum des 2. Februar dar, bei dem ja die Kerzen geweiht werden und das ursprünglich schon im römischen Kultbereich als Lichtfest gefeiert wurde. Dieser zweiten Strophe zugehörig ist die 5., die nun die Jungfrau Maria anredet. Dass diese beiden Strophen zusammengehören, wird besonders schön dadurch deutlich, dass in ihnen textliche Parallelführungen zu finden sind:

In Strophe 2 (Zeile 4) ist die Rede von »lumen omnibus«, in Strophe 5 (Zeile 4) von »salus omnium«. In Strophe 2 ist die Rede von »comple – bring zur Erfüllung«, in Strophe 5 von »profer – bring dar (den Preis)«. Parallel geführt ist auch die Tatsache, dass es sich um ein Fest der Freude handelt durch die in den genannten Strophen gemeinsam genannte Freude (»gaudia« und »gaudium«).

Die Strophen 3 und 4 bilden nun die Mitte des Hymnus und breiten die Paradoxa aus, die unser Staunen erheischenden Dinge, die der Christus, von der Mutter Maria geboren (»beata« Mater), zur Welt bringt. Er ist nun der Tempel, der, niedergerissen, in drei Tagen wieder aufgebaut wird, der uns durch seinen Opfertod als Gnadenakt von der Sklaverei zur Freiheit berufen hat.

Auch hier obwalten Parallelführungen: in Strophe 3 ist die Rede von »deferunt – darbringen« und von »offerunt – opfern«. In Strophe 4 zweimal von »offer – bring dar«. Beide Strophen sind so ganz von der Opfertheologie des Hebräerbriefes geprägt. Dazu das wunderbare Wortspiel in der Strophe 2 »revela revelandum – offenbare das zu offenbarende (Licht)«.

Insgesamt breitet der Hymnus die Geheimnisse des Festes also auf poetisch feinste Weise so aus, dass wir, die wir, angeredet mit »Tochter Sion«, eingeladen sind, jedes Jahr nicht nur das Festevangelium zu hören, sondern durch das Singen des Hymnus das Festgeheimnis uns emotional anzueignen. Der Hymnus bildet dazu quasi »wörtlich« in seinem Strophenverlauf die im Evangelium vorgestellte Szene ab. Ein wahrhaftiges Juwel in Form und Inhalt.

Die Hymnen der Quadragesima (Fastenzeit) und Osterzeit mit Himmelfahrt und Pfingsten

»Audi benigne Conditor«

Audi benigne Conditor
Nostras preces cum fletibus
Sacrata in abstinentia
Fusas quadragenaria.

Horch, gütiger Schöpfer,
auf unsere Gebete unter Tränen,
vergossen in den vierzig Tagen
geheiligter Enthaltsamkeit.

Scrutator alme cordium,
Infirma tu scis virium;
Ad te reversis exhibe
Remissionis gratiam.

Du milder Durchforscher der Herzen,
Du kennst die Schwächen unserer Kraft,
gewähre die Gnade der Vergebung
denen, die sich zu Dir kehren.

Multum quidem peccavimus,
Sed parce confitentibus,
Tuique laude nominis
Confer medelam languidis.

Zwar haben wir viel gesündigt,
doch schone, die sich zu Dir bekennen.
Zum Lob Deines Namens
bring Heilung den Ermatteten.

Sic corpus extra conteri
Dona per abstinentiam,
Ieiunet ut mens sobria
A labe prorsus criminum.

Gib, dass durch Enthaltsamkeit
der Körper sich so abmühe,
dass auch die Gesinnung des Herzens
frei werde vom Schaden der Schuld.

Praesta, beata Trinitas,
Concede, simplex Unitas,
Ut fructuosa sint tuis
Haec parcitatis munera. Amen.

Gewähre, selige Dreifaltigkeit,
vergönne ungeteilte Einigkeit,
dass den Deinen fruchtbar seien
diese Gaben der Genügsamkeit. Amen.

Der Hymnus aus dem 6. Jahrhundert stammt von einem unbekannten Autor, er wird aber auch Papst Gregor d. Gr. zugeschrieben. Die Strophen besitzen einen klaren Versaufbau: Jede Doppelzeile besteht aus zweimal vier Jamben (»Jambischer Dimeter«), einem Versmaß, das die Grundstruktur »unbetont – betont« aufweist. Da viele Hymnen diese Form aufweisen, die auf den Kirchenlehrer Ambrosius zurückgeht, nennt man dieses Strophenschema wie bereits erwähnt auch kurz »Ambrosius«. Der begnadete und fromme Dichter versucht darin, sein Erstaunen über Gottes Barmherzigkeit zu ergründen.

Er beginnt mit einer bedeutungsvollen Bitte und Anrede: »Horch, gütiger Schöpfer!« Er spricht seinen Schöpfer an und spricht eine Bitte aus, die ein menschliches Organ betrifft. Gott hat keine Ohren. Wir würden aber den Dichter missverstehen, wenn wir annähmen, er glaube dies. Vielmehr benutzt er das Organ des Menschen als Bild, um seinem Gott Eigenschaften zuzuschreiben, die im Bereich des Irdisch-Vertrauten mit dem Ohr verbunden werden. »Audi« meint einen höchst aktiven Gebrauch des Hörorganes, mit deutlicher Zuwendungsgeste an den Sprechenden, vielleicht sogar verstärkt durch die Hand an der Ohrmuschel: Horch! Diese Bitte richtet der Dichter an den Conditor, an den Schöpfer des Himmels und der Erde. Ihm ordnet er ein zusätzliches Attribut zu: »benignus«, das gütig, liebevoll, wohlwollend, mild, reichlich spendend, von guter Art bedeutet.

Wir wissen nun aber nicht erst seit den bahnbrechenden Studien des Arztes Alfred Tomatis, dass es mit dem Ohr eine ganz besondere Bewandtnis hat. Sowohl von der Phylogenese (also von der Artenentwicklung) her als auch von der Ontogenese (von der Entwicklung des einzelnen Wesens) her ist das Ohr viel älter als das Auge. Beim Embryo ist es am 22. Tag nach der Empfängnis bereits so ausgebildet, dass es einen Hörkontakt zur Mutter aufnehmen kann, den es offenbar so früh wie nur möglich existenziell benötigt. Auch wissen wir, dass am Lebensende das Ohr das Organ ist, das als letztes seinen Dienst einstellt. Es ist das Beziehungsorgan, mit dem wir unsere Sprache entwickeln, welches höchst komplexe Kommunikation ermöglicht. Mit ihm bauen wir unsere Wirklichkeit. Der Schöpfer selbst hat es uns eingepflanzt (Psalm 40,7). Und Meister Eckhart, der berühmte Mystiker des ausgehenden Mittelalters, geht so weit zu sagen: »Beziehung ist das Wesen von allem.«

Deswegen ist es das erste Anliegen des Hymnensängers, mit dem Wunsch, Gottes Ohr zu erreichen, die nötige Beziehungsgrundlage zu schaffen. Dabei ist er sich über seine eigene Situation im Klaren: Er weiß um seine Schwächen und um seine Schuld. Diese aber nicht zu verdrängen, sondern in die Beziehung hineinzustellen, das ist der Weg der Hoffnung für ihn.

Groß ist die zweite Strophe. Die erneute Anrede greift über die erste hinaus: »Conditor benignus«, das ist der Schöpfer, dem ich draußen staunend in seinen Werken begegnen kann, »scrutator almus«, das ist der

Gott, dem ich in meinem Inneren begegne und der seit der Taufe sein Haus in mir hat. Dabei ist »scrutator« zunächst ein ziemlich negativ besetzter Begriff: der Durchsucher, der Untersucher, der etwas Verborgenes finden will. Aber die dunklen, verborgenen Abgründe meines Herzens kann ich nur einem Herrn anvertrauen und in die Beziehung zu ihm stellen, von dem ich die Gewissheit habe, dass er sie nicht an die Öffentlichkeit bringt, um mich »fertigzumachen«, sondern sie in seinem Erbarmen in positive Energien umzuschmieden vermag.

Deswegen gibt der Hymnendichter diesem Herrn des Inneren auch das wichtige, mit weiblichen Konnotationen verknüpfte Adjektiv »almus – gütig«, weil er weiß, dass dieser Herr des Herzens keine Gewaltherrschaft über seine Wohnung ausüben will, sondern dort mit Güte und Wohlwollen waltet. So wird auch hier, wie schon im Hymnus »Conditor alme« im Advent, das Väterliche und Mütterliche, das Erhabene und das Nahe Gottes vom Dichter angesprochen. Von ihm heißt es nun: Du kennst die Schwächen unserer Kräfte. Der Hymnendichter kennt das menschliche Herz sehr gut. Er weiß, dass viele unserer Stärken ein Gegengewicht in den Bereichen unseres Wesens haben, die im Schatten liegen und die wir meistens vor den Menschen verborgen zu halten versuchen. Ein gütiger Gott aber kann uns helfen, mit diesen Bereichen umzugehen, statt sie zu umgehen, weil wir dann um die Energien bereichert sind, die in ihnen schlummern. Diese Vergebung aber ist nicht Verdienst, sondern Gnade.

Auch in der dritten Strophe klingt dieses Verständnis noch einmal an, wenn von der Heilung der Kranken die Rede ist: nicht, weil sie es verdient hätten, sondern weil diese Heilung beim Geheilten in den Lobpreis des Herrn mündet. Im Angesicht dieser Beziehung erst wird deutlich, dass wir eben beides sind: Geschöpfe Gottes, zur Freiheit berufen, und schwache, hilfsbedürftige Wesen.

HYMNUS ZU PALMSONNTAG AUF CHRISTUS, DEN KÖNIG

»Gloria, laus«

Gloria, laus et honor tibi sit, Rex Christe, redemptor,
Cui puerile decus prompsit Hosanna pium.

Ruhm und Preis und Ehre sei Dir, Christkönig, Erlöser!
Ihm rief die Schar der Kinder ihr frommes Hosanna zu.

Israel es tu rex Davidis et inclita proles,
Nomine qui in Domini, rex benedicte, venis.

Du bist Israels König, Davids ruhmvollem Geschlecht entsprossen,
der Du im Namen des Herrn, gepriesener König, kommst.

Coetus in excelsis te laudat caelicus omnis
Et mortalia homo et cuncta creata simul.

Dir lobsingt in den Höhen das ganze himmlische Heer;
so auch preist Dich der sterbliche Mensch, so alle Schöpfung zugleich.

Plebs Hebraea tibi cum palmis obvia venit
Cum prece, voto, hymnis, adsumus ecce tibi.

Mit Palmzweigen eilte Dir das Volk von Jerusalem entgegen;
mit Gebet, Bitten und Liedern ziehen wir heute zu Dir.

Hi tibi passuro solvebant munia laudis,
Nos tibi regnanti pangimus, ecce melos.

Sie brachten Dir Jubel, als Du dahingingst zu leiden;
Nun, da Du lebst und Leben schaffst, bringen wir Dir unseren Lobpreis.

Hi placuere tibi, placeat devotio nostra,
Rex pie, rex clemens, cui bona cuncta placent.

Hat ihr Lob Dir gefallen, nimm auch das unsre entgegen,
guter König, milder König, dem alles Gute gefällt.

Mit dem vorliegenden Hymnus haben wir ein ganz besonderes Juwel der lateinischen Hymnodie vor uns. Theodulf, Bischof von Orléans († 821), hat uns diesen Preisgesang zur Feier der Erinnerung des Einzugs des Königs Christus in die Stadt Jerusalem geschenkt.

Der Hymnus steht am Ende der Prozession, die den Einzug Jesu in Jerusalem in Szene setzt und damit in die Gegenwart hereinholt. Bei der Rückkehr findet die Prozession die Kirche verschlossen. Aus dem Innern der Kirche ertönt jetzt dieses »Gloria laus« als frohes Lied auf den König Christus, welches die Sänger außerhalb der Kirche wiederholen. Auf jede Strophe von innen ertönt von außen die Grundstrophe. Nach diesem Wechselgesang öffnet sich die Kirche zum Einzug.

»Herrlichkeit, Lobpreis und Ehre sei Dir, Du König Christus, Erlöser«, so beginnt der Hymnus. Wie es sich für den Sänger eines Hymnus gehört: Er spricht denjenigen, dem der Lobgesang gilt, persönlich an und bringt wie selbstverständlich in preisender Haltung seine Beziehung zu seinem Herzenskönig und Erlöser Christus zur Sprache. Damit kommt bereits eine klare Gegenwartssituation zum Ausdruck. Es ist jetzt so, während ich das singe! Dreifaches gebührt ihm: »Herrlichkeit« ist eigentlich als Ausdruck für »gloria« zu schwach und für viele Menschen des Wortbestandteils »Herr« wegen missverständlich. Das griechische Wort »doxa« und das hebräische Synonym »kaboth« meinen so etwas wie Wesenserstrahlung, auch Wucht, also etwas, bei dem man erstaunt oder staunen lernt. Am ehesten mögen wir an einen frühen Sonnenaufgang in den Bergen denken oder an den unendlichen Sternenhimmel, beides Phänomene, die uns immer noch staunen lassen. Dann: »Lob und Ehre«: Das sind Zurufe an einen König, der nach dem Bericht des Johannes auf einem Esel in die Stadt Jerusalem einzieht. Er wird damit als ein König des Friedens und der Gerechtigkeit gezeigt, ohne herrscherlichen Machtanspruch oder unterwerfende Gewalt. Johannes erzählt weiter davon, dass Jesus auf einem Esel geritten kommt, auf dem noch kein anderer saß. Das ist Bild und Gleichnis für die Einzigartigkeit dieses Königs. Dieses Bild, das uns Johannes »erzählt«, ist bereits im Alten Testament vorge-bild-et und vorerzählt. Beim Propheten Sacharja heißt es in der Verheißung des messianischen Friedensreiches: »Du Tochter Zion, freue dich sehr, du Tochter Jerusalem, jauchze! Siehe, dein König kommt zu dir, ein Gerechter und ein Helfer, arm, und reitet auf dem Füllen einer Eselin« (Sacharja 9,9).

Diese Zurufe sind nun durch das Singen des Hymnus, also »cantando«, nicht mehr nur die der im Evangelium verkündeten, sondern damit nun auch die Zurufe derer, die am Palmsonntag diese Worte in ihren Mund nehmen. Mit diesem Gesang holen sie die Geschichte in die Gegenwart herein und machen sie ihrem inneren Erleben zugänglich.

In der ersten Zeile der ersten Strophe steht zunächst deutlich das erzählte Geschehen des Johannes im Vordergrund: »Du bist Israels König«, die zweite Zeile aber holt es mit der Einladung zum inneren

Nachvollzug in die Gegenwart herein: Du kommst jetzt und heute, während wir das feiern (und singen), als der König unserer Wesensmitte.

Die zweite Strophe erinnert uns daran, dass wir jeden Gottesdienst hier auf Erden als sterbliche Pilger unterwegs in einer vergänglichen Schöpfung feiern, wir dabei aber verbunden sind mit allen, die im Frieden des Auferstandenen im ewigen Licht ruhen. Theodulf eröffnet uns damit über die erzählte Wirklichkeit des Johannes und über das Geschehen der Feierlichkeiten hinaus auch noch eine zukünftige Perspektive des Gefeierten in einer neuen, überzeitlichen Wirklichkeit.

In der ersten Zeile der dritten Strophe zitiert Theodulfus die in Johannes 12 beschriebene Szene, in der das Volk (»Kinder aus dem Volke Gottes«), das zum Paschafest nach Jerusalem gepilgert war, Jesus mit Palmzweigen huldigend entgegengeht. In der zweiten Zeile holt der Hymnendichter die Szene in die Gegenwart herein: die jetzt und hier gesungenen Lieder und Gebete sind die Palmzweige, die Huldigungen der feiernden Gemeinde.

Die vierte Strophe nimmt wieder in ihrer ersten Zeile die Situation der Geschichte auf, als mit dem Einzug in Jerusalem auch Jesu Leidensweg beginnt. Mit der zweiten Zeile wird die gegenwärtige Situation bekräftigt: Christus ist nun als Auferstandener und als Sieger über den Tod immer unter uns.

In der fünften Strophe fasst der Dichterbischof zusammen: Das Lob der Hebräer damals, das Lob der himmlischen Heerscharen und unser Lob heute vereinen sich bei der aktualen Feier und alles Lob mündet zum Schluss wieder ein in das große »Gloria, laus et honor tibi sit, Rex Christe Redemptor«.

Das hymnische Gedicht umfasste übrigens noch sehr viel mehr Strophen, die allerdings nicht Eingang in die Liturgie gefunden haben. Unter ihnen befindet sich auch jene, die den Hl. Bernhard von Clairvaux zu einer Palmsonntagspredigt veranlasste. Diese Strophe hatte folgenden Text: »Hin zur himmlischen Stadt, lenk Du, als Reiter voll Güte, spornend und zügelnd zugleich uns, das Eselein Dein.«

So liturgisch klar und so theologisch tief, so im guten Sinne fromm diese Strophen alle sind, ihnen eignet auch eine ganz besondere künstlerische Qualität: Theodulfus verfasst seinen Hymnus als Distichon. Ein Distichon besteht aus zwei Zeilen, deren erster Vers aus einem Hexameter mit sechs daktylischen bzw. spondeischen Versfüßen, deren zweiter Vers aus einem Pentameter mit fünf daktylischen Versfüßen und einer Zäsur nach dem dritten Versfuß besteht.

Friedrich Schiller hat das Kunststück zu Wege gebracht, über das Distichon ein Distichon zu dichten:

»Im Hexameter steigt des Springquells flüssige Säule / im Pentameter drauf, fällt sie melodisch herab.«

Das wunderbare Verschmelzen dieser besonderen dichterischen Kunstgattung der Antike mit einer umfassenden Deutung dessen, was Liturgie meint, macht hier einmal mehr deutlich, was eine vom Glauben geprägte Geisteshaltung und künstlerische Schönheit für eine überzeugende Kraft besitzen, wenn sie von einem begnadeten Menschen zusammengeführt werden.

So ein im besten Sinne liturgisch und theologisch stimmiger und dazu noch künstlerisch hochstehender Hymnus gehört gewisslich zu den großen Schätzen unserer liturgisch-musikalischen Tradition. Zum großen Bedauern ist von dieser Herrlichkeit nicht mehr viel übrig. In den neuen Gebetbüchern (Evangelisches Gesangbuch und Gotteslob) fehlen sie als Gesänge zum Palmsonntag ganz. Im Gotteslob ist der Hymnus auf einen Ruf vor dem Evangelium geschrumpft.

HYMNUS ZUR PASSIONSZEIT

»Vexilla Regis prodeunt«

Vexilla regis prodeunt,
Fulget crucis mysterium,
Quo carne carnis conditor
Suspensus est patibulo.

Des Königs Banner gehen voraus,
das Geheimnis des Kreuzes leuchtet auf,
an dessen Galgenholz im Fleische
der Schöpfer des Fleisches hängt.

Confixa clavis viscera
Tendens manus vestigia
Redemptionis gratia
Hic immolata est hostia.

Durchbohrt mit Nägeln bis ins Mark
spannt er die Hände als Spur
für die Gnade der Erlösung;
hier ist er nun als Opfertier geschlachtet.

Quo, vulneratus insuper
Mucrone diro lanceae,
Ut nos lavaret crimine,
Manavit unda et sanguine.

Darüber hinaus ist er verwundet durch den
spitzen Stahl des grauenvollen Speers;
damit er uns von Schuld reinige,
hat er Blut und Wasser verströmt.

Impleta sunt quae concinit
David fideli carmine
Dicendo nationibus:
Regnavit a ligno Deus.

Erfüllt sind die Worte, die David
im glaubwürdigen Psalmlied besang,
als er den Völkern verkündete:
Gott regiert vom Kreuz herab als König.

Arbor decora et fulgida
Ornata regis purpura
Electa digni stipite
Tam sancta membra tangere.

Ein Baum, so edel, strahlend schön,
geschmückt mit Purpur königlich,
erwählt, dass würdig ist sein Stamm
solch heil'ge Glieder anzurühren.

Beata cuius bracchiis
Pretium pependit saeculi
Statera facta est corporis
Praedam tulitque tartari.

An dessen Armen – Seligkeit! –
der Lösepreis der Weltzeit hing.
Zur Waage wurde dieses Leibs
und trug der Hölle Beute fort.

Fundis aroma cortice,
Vincis sapore nectare,
Iucunda fructu fertili
Plaudis triumpho nobili.

Aroma strömt aus deinem Stamm,
selbst Balsam übertrifft dein Duft
und überreich beglückt mit Frucht
gibst du die Ehre dem Triumph.

Salve, ara, salve, victima,
De passionis gloria,
Qua vita mortem pertulit
Et morta vitam reddidit.

Altar und Opfer, seid gegrüßt,
im Ruhm des Leidens seid gegrüßt,
da hier das Leben fand den Tod,
im Tod das Leben gab zurück.

Der Hymnus, stammt von Venantius Fortunatus. Um 540 in Venetien geboren, erhielt er seine Ausbildung in Ravenna, der abendländischen Residenz des byzantinischen Kaisers. Mit 25 Jahren machte er sich zu einer längeren Reise über die Alpen ins fränkische Reich auf. Seinen Unterhalt verdiente er sich als gewandter Gelegenheitsdichter. Er kam dabei mit vielen geistlichen und weltlichen Größen in Kontakt. 567, mit 27 Jahren, erlebt Venantius eine geistliche Bekehrung durch die Begegnung mit der Nonne Radegunde, einer thüringischen Königstochter, die – zur Heirat gezwungen – nach zehnjähriger Ehe flieht und in Poitiers ein Frauenkloster gründete. Für dieses erhielt sie von Kaiser Justin eine Kreuzreliquie. Zur Übertragung dieser Reliquie verfasste Venantius – durchaus als Gelegenheitsgedicht – den vorliegenden Hymnus. Wegen seiner weitreichenden Gedanken über das Kreuz anlässlich der Einholung der Kreuzesreliquien 569 erwies sich – wie die liturgische Wirkungsgeschichte bis auf den heutigen Tag bezeugt – sein Gelegenheitsgedicht als haltbar über den konkreten merowingischen Anlass hinaus. Als der einzig nennenswerte abendländische Dichter des 6. Jahrhunderts steht Venantius an der Schwelle zweier Epochen: er ist einerseits der letzte Römerdichter und damit noch der Antike zugehörig, andererseits aber auch durch seinen Aufenthalt in Poitiers mit der heraufziehenden Ära des frühen christlichen Mittelalters verbunden.

Die uns vorliegende Fassung ist nach übereinstimmender Meinung die ursprüngliche. Drei Strophen wurden liturgisch nicht rezipiert und durch zwei andere ersetzt. In seiner ursprünglichen Fassung mit ihren acht Strophen hat der Hymnus eine deutliche Zäsur nach der vierten Strophe: In der ersten Hälfte des Hymnus wird der Gekreuzigte, in der zweiten Hälfte wird das Kreuz besungen. Dem königlichen Herrschen (»regnavit«) des Gekreuzigten »vom Holz« am Ende der vierten Strophe entspricht in der fünften Strophe der Purpur des Königs (»regis«), mit dem der Baum des Kreuzes geschmückt ist. Es wird sich zeigen, dass auch die übrigen Strophen von der Mitte her einander gegenläufig zugeordnet sind. Deswegen darf eigentlich, ohne den inneren künstlerischen Zusammenhang zu verletzen keine Strophe weggelassen werden. Das jedoch geschieht in der deutschen Fassung.

Grammatikalisch ist der tragende Begriff des ersten Teiles »mysterium – Geheimnis«. Zweimal wird daran mit »quo – da« angeknüpft. Die zweite Strophe ist eine Weiterführung und deutet das Hängen am Galgenholz. Die dritte Strophe erschließt darüber hinaus (»insuper«) in einem weiteren Bild das Geheimnis des Kreuzes. Die vierte Strophe schließt den ersten Teil damit ab, dass sie im Aufleuchten, in der Offenbarung des Kreuzgeheimnisses eine Erfüllung alttestamentlicher Prophetie sieht.

Grammatikalisch tragender Begriff des zweiten Teiles ist »arbor – Baum«. Darauf beziehen sich »decora«, »fulgida«, »ornata« und »electa« in der fünften Strophe und »beata« zu Beginn der sechsten Strophe. Mit den beiden letzten Zeilen der sechsten Strophe wird der Hauptsatz weitergeführt. Diese sechste Strophe bringt wieder ein besonderes Bild, das der Waage. Während jedoch die Aussagen der dritten Strophe »uns« betreffen, wird in der drittletzten Strophe das »saeculum«, die Welt, ins Auge gefasst. In den beiden letzten Strophen wird der Hymnus zur Anrede an das Kreuz.

Ein zweiter Durchgang mag nun unseren Blick auf Einzelheiten lenken. Das erste Wort des Hymnus »vexilla« ist eine häufig gebrauchte Pluralform von »vexillum«, einer Verkleinerungsform von »velum« (»Tuch«) und ist ein Fachausdruck mit mehrfacher spezifischer Bedeutung in der Sprache des Militärs wie auch der Seefahrt. Im Deutschen entspricht dem ursprünglich Gemeinten das »Fähnlein«, das Erkennungszeichen einer kleinen militärischen Einheit, dann aber auch die mit diesem ihrem Zeichen sich identifizierende Einheit selbst, die dadurch zugleich als in der Gefolgschaft, in der »militia« ihres Königs stehend gekennzeichnet ist. Die Vorstellung einer Kreuzgestalt verband sich mit dem »vexillum« dadurch, dass es an einer Stange hing, die ihrerseits quer an einem Masten befestigt war. Diese Gestalt hatten die Standarten der römischen Heere, deren Fahnentuch als »vexilla« bezeichnet wurde. So ist das »vexillum« Zeichen der Siegesgewissheit im Kampf gegen widrige Mächte.

Wenn unser Hymnus vom »vexillum regis«, vom »Banner des Königs« spricht, ist damit nicht die Standarte des merowingischen Königs, sondern das Kreuz als leuchtendes Siegeszeichen Christi gemeint. Unser Hymnus fasst in der zweiten Zeile die komplexe Bedeutung des Kreuzes in dem Begriff »Geheimnis des Kreuzes«. Nirgends im ganzen Hymnus ist Christus namentlich oder mit einem der üblichen Titel genannt. Die einzige Bezeichnung, die ihm beigelegt wird, ist »conditor carnis – »Gründer – hier vielleicht besser »Bildner« des Fleisches. Dass dieser im Bild seiner Schöpfung (im »Fleisch«) am Galgen hängt, ist die erste Aussage, mit der in einem relativischen Anschluss »quo – da« die Geschichte des Kreuzgeheimnisses zur Darstellung kommt. »Patibulo« ist das letzte Wort der ersten Strophe. »Patibulum« ist ein gabelförmiges Stück Holz, an welchem Sklaven mit Händen und Füßen aufgeknüpft und so gekreuzigt wurden. Der Duktus der ersten Strophe also: Der Weg des Sohnes Gottes ins Fleisch führt in die Erniedrigung bis in den Tod am Kreuz nach Art eines verbrecherischen Sklaven.

Die zweite Strophe führt mit ihrer vierfachen Aussage die erste Strophe weiter. »Durchbohrt mit Nägeln bis ins Mark«: Die hier mit »Mark« übersetzten »viscera« sind eigentlich die Eingeweide. Sie sind aber auch der Sitz der Barmherzigkeit. So ist in dieser Strophe mitzuhören, dass die Annagelung ans Kreuz den »Bildner des Fleisches« bis ins Innerste, ja gerade in der barmherzigen Liebe trifft, mit der er sich dem »Fleisch« zugewandt hat. Grammatikalisch ist die letzte Zeile die Hauptaussage der ganzen Strophe. Das Hängen am Galgenholz des Kreuzes (Zeile 1,4) wird hier als Schlachtopfer (»hostia«) gedeutet. In den Zeilen 3 und 4 dieser Strophe wird die passive Aussage, dass der Gekreuzigte »geopfert« wurde (»immolatus«), mit der Opferterminologie des Hebräerbriefes verbunden, mit der Christus als der Hohepriester dargestellt wird, der sich selbst dargebracht hat als Schlachtopfer, um ewige Erlösung zu bewirken.

Das Galgenholz als Opferaltar und der, der an diesem Holz hängt, als Opfertier (»victima«): Das wird ausdrücklich aufgegriffen in der ersten Zeile der letzten Strophe, die der letzten Zeile der ersten Strophe spiegelbildlich entspricht. Den beiden letzten Zeilen der zweiten Strophe, mit denen die Opferterminologie eingeführt wird, entsprechen die beiden ersten Zeilen der zweitletzten Strophe, die von dem Duft sprechen, der vom Stamm des Kreuzes ausgeht.

Dann haben wir aber in den beiden folgenden Zeilen auch eine Deutung der ersten beiden Zeilen der zweiten Strophe. Die große Fruchtbarkeit des Kreuzesbaumes entspricht den ausgestreckten Händen des Gekreuzigten. Doch zeigt diese Beziehung der beiden Hymnushälften einmal mehr, dass im Geheimnis des Kreuzes der Gekreuzigte und das Kreuz nicht voneinander zu trennen sind. Denn das Kreuz ist das Zeichen der »passio«, des Leidensweges, »durch das das Leben den Tod fand und im Tode sich das Leben zurückgab«, wie unser Hymnus, das Geheimnis des Kreuzes zusammenfassend, in seinen letzten Zeilen sagt. Der Ruhm der »passio« ist, dass im Zeichen des Kreuzes der Tod in Leben verwandelt und das Kreuz so zur Trophäe des Auferstandenen wurde.

Vom Bad der Taufe, von der in der letzten Zeile die Rede ist, spricht im Hymnus die dritte Strophe: Der Strom von Wasser und Blut aus der Seitenwunde des Gekreuzigten wäscht »uns« rein von Schuld. Mit diesem Wasser ist die Taufe gemeint. Der Gekreuzigte, der seine Hände und Füße ausspannt, der sich selbst als Opfer darbringt, aus dessen Seitenwunden Wasser und Blut strömen: Darin sieht der Dichter die Erfüllung des prophetischen Psalmwortes (Psalm 96,10), dass Gott seine Königsherrschaft angetreten hat – vom Kreuz aus.

Von der fünften Strophe an wird das Kreuz selbst besungen, zunächst als königlicher Thron, in der sechsten Strophe dann als Waage, die anzeigt, dass der Leib, der an ihr hängt, als Preis für den Loskauf der Welt ausreicht.

Das All umfassend in Raum und Zeit

Es gilt nun beim Hymnus »Vexilla regis« im Rückblick noch einen übergeordneten Aspekt zu entdecken, nämlich, dass der Kreuzestod Christi ein kosmisches Ereignis ist. Wie kann das der Hymnus aussagen? Nun, bei genauer Betrachtung der originalen achtstrophigen Fassung scheint es, dass jede der acht Strophen einem der Wochentage zugeordnet ist, und zwar auf die Weise, dass die Bildsprache der einzelnen Strophen der Reihe nach den mythischen Planetengottheiten entspricht, nach denen die einzelnen Tage der Woche bis heute benannt werden. Das Bewusstsein, dass jeder Tag im Wochenzyklus durch seine Unterstellung unter eine Planetengottheit seinen eigenen Charakter hat, war im Römischen Reich seit dem ersten vorchristlichen Jahrhundert ausgeprägt. Es zeigt sich darin ein Gespür für den Rhythmus der Woche und die Eigenprägung der einzelnen Wochentage, die in deren Namen zum Ausdruck kommt, die uns nüchternen und aufgeklärten Menschen leider abhandengekommen ist. Es ist anzunehmen, dass dieses Wissen um die Charaktere der Wochentage auch bei einem hochgebildeten, der Antike und dem Christentum verpflichteten Dichter wie Venantius lebendig war.

Dass im Hymnus »Vexilla regis« die erste Strophe ein sonnengleiches Aufstrahlen des Kreuzmysteriums zum Ausdruck bringt, ist nicht zu übersehen. Dass die Christen schon sehr früh in der Sonne ein Symbol Christi sahen, braucht hier nicht eigens ausgeführt zu werden. Der Sonntag ist nach altchristlichem Verständnis jedoch nicht nur der erste, sondern auch der achte Tag der Woche, der Anfang einer neuen Welt, da Christus auferstand von den Toten. Nach apostolischer Überlieferung feiert die Kirche Christi das Paschamysterium jeweils am achten Tag. Dem entspricht die achte Strophe unseres Hymnus.

Um für die Deutung der Planeten hinsichtlich der übrigen Strophen einen möglichst objektiven Anhalt zu haben, können wir von den ihnen eigenen Bewegungen am Himmel ausgehen, die von den Alten als himmlisches Schauspiel gedeutet wurden – das war dann wirklich Fernsehen! Es ist auch möglich, von den Symbolen, die für die Planeten gebraucht werden, auszugehen.

Der Mond wird symbolisch als zunehmender Halbmond dargestellt, also durch zwei nach links offene Halbkreise, womit eine Offenheit für das von links, das heißt aus dem Unbewussten kommende Leben angedeutet ist, eine Offenheit, die sowohl Leidens- als auch Empfängnisbereitschaft ist. Entsprechend gilt als mikrokosmische Entsprechung zum Mond im Menschen eine tiefe seelische Beeindruckbarkeit, ein »Herz so weich wie Wachs«, die sich in Hingabe umsetzt und aus der in der Hingabe gestaltende Kraft erwächst. In den Begriffen »viscera« und »hostia« und im Bild der ausgespannten Hände zeigt sich deutlich die so charakterisierte Mondhaftigkeit.

Der Mars, der »rote« Planet, ist nach dem römischen Kriegsgott benannt. Von ihm hat in den romanischen Sprachen der Dienstag bis heute seinen Namen (Mardi). Er hat als Attribut eine Lanze und wird durch einen Kreis mit einem zur rechten Seite hin schräg nach obenstehenden Pfeil als »aggressiv« symbolisiert. Seine Bewegung ist dadurch gekennzeichnet, dass er sich aggressiv auf die Sonne zubewegt und dabei eine rötliche Färbung annimmt und sich anschließend langsam zurückzieht. Entsprechend ist die dritte Strophe von dem Bild der durch einen Lanzenstich dem Gekreuzigten zugefügten Wunde geprägt.

Attribut des Merkur ist ein Helm oder Stab mit Flügeln, sein Zeichen ist das Kreuz unter dem Kreis, darüber ein nach oben offener Halbkreis. Besser könnte auch die vierte Strophe des Hymnus nicht symbolisiert werden: Der vom Geist Gottes eingegebene Gesang des David findet seine christologische Erfüllung im Zeichen des Kreuzes. Aber ach seine Bewegung ist aussagekräftig: Der dem Mittwoch (Mercredi) zugeordnete Planet wandert stets zwischen Sonne und Venus hin und her, symbolisiert so also Kombinations- und Kommunikationsfähigkeit, das »geflügelte Wort«. In dieser vierten Strophe spielt die Prophetie Davids diese merkurische Rolle.

Jupiter, der Planet des Donnerstags, benötigt, von der Erde aus gesehen, zwölf Jahre für einen Umlauf um die Sonne, für den die Erde ein Jahr braucht. Er ist außerdem der größte Planet unseres Sonnensystems. So gilt Jupiter als Repräsentant einer höheren Ordnung. Im Mythos ist Jupiter der lichte Herrscher des Himmels, sein besonderes Attribut ist der Blitz. Dem entspricht es, wenn in der fünften Strophe unseres Hymnus der Kreuzbaum als »fulgida« (»blitzend«, »leuchtend«, »strahlend«) und mit königlichem Purpur geschmückt bezeichnet wird.

Der Freitag ist in der christlichen Tradition in besonderer Weise ein Tag der Verehrung des Heiligen Kreuzes. Dem Freitag ist der Planet Venus zugeordnet als kosmisches Symbol des Strebens nach der rechten Ordnung, nach Ausgleich und Harmonie. Der Weg der Venus, die zu Zeiten Morgenstern, zu Zeiten Abendstern ist, vollführt wohlgeordnete, harmonische, eben »schöne« Bewegungen. Die sechste Strophe unseres Hymnus fügt sich dieser Symbolik ein, wenn sie, grammatikalisch die fünfte Strophe weiterführend, das Kreuz mit seinen beiden Armen als Waage und als Träger (»tulit«) der Beute darstellt, die aus der Herrschaft der zerstörerischen Mächte befreit ist.

Saturn, der dem Samstag zugeordnete Planet, ist der letzte der (sichtbaren) Planeten. So gilt er als Symbol der Begrenzung, die allem irdischen Leben innewohnt, und zugleich der Erwartung des Durchbruchs neuen Lebens. Wenn in der siebte Strophe des Hymnus das Kreuz als fruchtbar besungen wird, dann erinnert das in Verbindung mit diesem Zeichen an das Weizenkorn, das in die Erde fallen und sterben muss, um reiche Frucht zu bringen. Das duftende Harz sondert die Rinde, der äußerste Teil des Baumes ab. In der christlichen Tradition ist mit dem Samstag das »Gedächtnis der Schöpfung« verbunden, in der katholischen Kirche des Abendlandes auch seit Alkuin der Gottesgebärerin Maria. Beides steht ganz in der Erwartung des aufbrechenden Neuen, des am Sonntag zu feiernden Triumphes über den Tod.

Der Kreis ist als Zeichen der Sonne das Zeichen der Ganzheit und Fülle des Lebens, das in der ersten Strophe als »Geheimnis des Kreuzes« und in der achten Strophe als Folge des Sieges über den Tod besungen wird. Das Kreuz ist das Zeichen des Weges zu diesem Sieg. Venantius zeigt uns damit in seinem Hymnus, dass dieses Kreuz hineinverwoben ist nicht nur in den ganzen Weltenraum, sondern auch in den kosmischen Rhythmus unserer Zeit. Das ist ein Ausdruck seiner gläubigen Gewissheit, dass die, wie es scheint, dem Tod verfallene Weltzeit, das »saeculum«, in dem wir leben, von einem inneren Zusammenhalt getragen wird, in dem sich in aller Zerstörung des Lebens die erneuernde Kraft des göttlichen Lebens ankündigt und mit ihr das endzeitliche Heil.

HYMNUS ZUM KARFREITAG

»Pange, lingua«

Pange, lingua, gloriosi
Proelium certaminis,
Et super Crucis trophaeo
Dic triumphum nobilem:
Qualiter Redemptor orbis
Immolatus vicerit.

Dichte von dem Ruhme, Zunge,
Des Gefechtes in dem Kampf,
Da das Kreuz ward zur Trophäe,
Des Triumphzugs Ehre künd,
Hingeopfert Sieg errang.

De parentis protoplasti
Fraude Factor condolens,
Quando pomi noxialis
Morte morsu corruit:
Ipse lignum tunc notavit
Damna ligni ut solveret

Als der ersterschaffne Vater
Durch die List dem Tod verfiel,
Da er aß die Frucht zum Schaden,
Litt der Schöpfer auch mit ihm
Und bestimmte, dass am Holze
Werde des Holzes Fluch getilgt.

Hoc opus nostrae salutis
Ordo depoposcerat:
Multiformis proditoris
Arte ut artem falleret:
Et medelam ferret inde,
Hostis unde laeserat.

Dieses Werk – zu unsrem Heile
Hat die Ordnung es verlangt,
Dass des vielfält'gen Verderbers
Kunst geh fehl durch diese Kunst
Und von dorther Heilung komme,
Wo der Feind verwundet hat.

Quando venit ergo sacri
Plenitudo temporis,
Missus est ab arce Patris
Natus, orbis Conditor:
Atque ventre virginali
Carne factus prodiit.

Darum wurde, als die Fülle
Heil'ger Zeit gekommen war,
Ausgesandt der Sohn des Höchsten,
Der den Erdkreis gründete
Und aus jungfräulichem Schoße
Fleisch geworden ging hervor.

Vagit infans inter arcta,
Conditus praesepia:
Membra pannis involuta
Virgo Mater alligat:
Et manus pedesque et crura
Stricta cingit fascia.

Weint als Säugling, in die Enge
Einer Krippe eingezwängt.
Fest in Windeln hüllt die Glieder
Die jungfräulich' Mutter ein.
Dass die Füße, Hände Schenkel
Von dem Band gezeichnet sind.

Lustra sex qui iam peracta,
Tempus implens corporis,
Se volente, natus ad hoc,
Passioni deditus,
Agnus in Crucis levatur
Immolandus stipite.

Als er schon nach dreißig Jahren
Hatt' die Zeit im Leib erfüllt,
Gab er selbst, dazu geboren,
Willig sich dem Leiden hin,
Wird als Lamm, bestimmt zum Opfer
Nun erhöht am Kreuzesstamm.

En acetum, fel, arundo,
Sputa, clavi, lancea:
Mite corpus perforatur,
Sanguis, unde profluit:
Terra, pontus, astra, mundus,
Quo lavantur flumine!

Hier, sieh, Essig, Galle, Schilfrohr,
Speichel, Nägel, Lanze hier!
Als der zarte Leib durchbohrt wird,
Strömet wogend Blut hervor.
Erde, Meer, Gestirn', das Weltall
Werden rein in diesem Strom.

Crux fidelis, inter omnes
Arbor una nobilis:
Nulla talem silva profert,
Fronde, flore, germine.
Dulce lignum dulce clavo
Dulce pondus sustinens.

Zuverlässig Kreuz, das einzig
Unter allen Bäumen ist,
Wie kein Wald ihn je ließ wachsen
Gleich an Aussehn, Blüte, Zweig:
Süßes Holz mit süßem Nagel
Süße Last geduldig trägt.

Flecte ramos, arbor alta,
Tensa laxa viscera,
Et rigor lentescat ille,
Quem dedit nativitas:
Ut superni membra Regis
Miti tendas stipite.

Beuge, hoher Baum, die Zweige,
Aufgerichtet werde weich,
Biegsam werde alles Harte,
Wie es die Natur dir gab,
Dass des hohen Königs Glieder
Du mit sanftem Stamme trägst.

Sola digna tu fuisti	*Würdig bist nur Du, zu tragen*
Ferre saecli pretium,	*Dieser Weltzeit Lösepreis*
Atque portum praeparare	*Und den Hafen zu bereiten,*
Nauta mundo naufrago:	*Schiffer schiffbrüchiger Welt,*
Quem sacer cruor perunxit,	*Den das heil'ge Blut gesalbt hat,*
Fusus Agni corpore.	*Das dem Leib des Lamms entströmt.*

Dem Karfreitag und seinem gefeierten Geschehen haben wir die Entstehung vieler hymnischer Lieder zu verdanken. Wer kennt nicht den ergreifenden Bachchoral »O Haupt voll Blut und Wunden«? Aber auch das schlichte und höchst eindrucksvolle Lied »O Du hochheilig Kreuze« mit seinen eindrücklichen zehn Anreden möchte hier in Erinnerung gebracht werden. Auch der Gregorianische Choral hat zu diesem Tag seinen Beitrag geleistet durch den großartigen Hymnus »Pange lingua«.

Wie schon den vorangegangenen Hymnus verdanken wir auch diesen dem spätantiken Dichter Venantius Fortunatus. Der Hymnus findet in der Liturgie der Heiligen Woche eine doppelte Verwendung: Er wird gesungen im Morgengottesdienst der Heiligen Woche (in den »Laudes«) und eben am Karfreitag bei der Kreuzverehrung. Er umfasst insgesamt zehn Strophen, in denen der geisterfüllte Venantius die gesamte Heilsgeschichte von Adams Schuld bis zum Kreuzestod Jesu in preisende Dichtung schmiedet, die Passion als Triumph darund das Kreuz als Lebensbaum vorstellt. Das Versmaß des Gedichtes ist der Trochäus (»lang – kurz«). Vier trochäische Doppelfüße bilden eine Zeile, drei davon eine Strophe.

Wegen des großen Umfangs des Hymnus betrachten wir zunächst die Großform und danach die einzelnen Strophen.

Die erste Strophe ist Einleitung, Ouverture und Aufforderung des Dichters an sich selbst und an jede Zunge, angesichts des Geschehnisses vom Karfreitag der vornehmsten Pflicht nachzukommen, zu preisen, zu künden und zu singen, wie schon im Introitus des Gründonnerstags Thema war. Denn Dichtung ist ja die Sprache, in welcher der Mensch sein eigenes Erstaunen ergründet. Die nächsten drei Strophen bilden in sich eine erste Einheit. In ihr wird durch die dritte Strophe ein Zusammenhang hergestellt zwischen dem ersterschaffenen Adam (2. Strophe) und dem neuen Adam Christus (4. Strophe), zwischen dem Paradiesbaum, der Verderben gebracht hat (2. Strophe) und dem Kreuzesbaum, der uns den Zugang zum Paradies wieder eröffnet (4. Strophe). Es empfiehlt sich hier nur die ersten vier Strophen zusammen mit der Übersetzung anzusehen. Die einzelnen vorgestellten Bilder werden wir in einem späteren Schritt intensiver zu betrachten versuchen.

Die nächsten drei Strophen bilden wieder eine Einheit. Sie stellen in dichterischer Bildsprache die Geburt des Christus in die Enge dieser Welt, seinen Tod am Kreuz und sein Heilswirken für die ganze Schöpfung vor. In diesen Strophen also geschieht in Form der Dichtung mit der Vorstellung von Bildern die so notwendige Verknüpfung des leidenden Jesus mit ihm als Gottes Sohn. So war es ja auch schon an Weihnachten (vgl. Introitus »Dominus dixit« im Buch »Gesänge der Stille, S. 102ff), wo es darum ging zu besingen, dass der Neugeborene, der uns nahe ist, auch der erhabene Gottessohn ist. Jetzt ist der am Kreuz Hängende, der mit uns das Leid des Todes teilt, auch derjenige, der am Kreuz erhöht wird und dessen Heilswirken – so die letzte der drei Strophen – durch den Kreuzestod wieder ins weite Weltall ausgreift. Wir empfehlen auch diese drei Strophen nun zusammenhängend mit der Übersetzung zu hören, wohl merkend, dass nun auch die Melodie das ihre zum Erleben dieses Gedichtes hinzutut.

Nun bilden auch die letzten drei Strophen eine Einheit, aber sie wenden den Blick jetzt weg von der mit eindringlichen Bildern geschilderten Heilsgeschichte und richten ihn auf das Kreuz selbst. Das ist des Venantius einzigartiger Verdienst, hier dichterisch das Holz des Kreuzes, an dem der Christus gehangen, als neuen Lebensbaum nicht nur zu deuten, sondern es in persönlicher Anrede hymnisch zu besingen! Jetzt erst in der achten Strophe wechselt Venantius die Sprachebene und findet angesichts des Kreuzes als Lebensbaum die dem Hymnus eigene Du-Rede, die er nun in allen drei Strophen beibehält. Das ist seine besondere und eigene Art der Kreuzverehrung, zu der er die Sänger und Hörer einlädt. Eine Verehrung, in der eine ursprüngliche und freudige Frömmigkeit sich mit der Kraft dichterischer Bilder paart und ein Werk von zeitloser Schönheit zurücklässt! Hören wir nun auch noch die letzten drei Strophen des Hymnus zusammen mit der Übersetzung.

Nach der Betrachtung der Großform betrachten wir nun die einzelnen Strophen.

1. Strophe

In der ersten Strophe scheut sich Venantius nicht, den Sachverhalt des Kreuzestodes und seiner Überwindung (Er redet hier schon von der Auferstehung!) mit römisch-kriegerischer Terminologie zu versehen. Er bezeichnet das Kreuz als Trophäum. Das meint jenes Zeichen, das in Form einer Stange mit Querbalken (also ein Kreuz) dort mit der Kriegsbeute aufgestellt wird, wo der Feind in die Flucht geschlagen wurde! Mit der Bezeichnung »Redemptor orbis« zeigt uns Venantius, dass Christi Erlösertat nicht nur dem Menschen gilt, sondern der ganzen Schöpfung, sie hat kosmische Dimension! Venantius wird an diese Perspektive in der siebten Strophe noch einmal anknüpfen. Wunderbar klar und eindeutig die paradoxe Formulierung »immolatus vicerit – Geopfert siegt er!«

2. Strophe

Venantius geht in dieser Strophe bis zur Genesis zurück und setzt dichterisch kühn das Holz des Baumes im Paradies mit dem Holz des Kreuzes in parallelen Bezug, das ja nach alter Überlieferung auf dem Grabe Adams errichtet ist. Deswegen findet sich auf vielen Kreuzdarstellungen am Fuß des Kreuzes ein Totenkopf. Diese kühne Parallele ist aber keine Erfindung von Venantius, er legt sie aus als des Schöpfers ureigensten Gedanken, um die Menschheit vor dem ewigen Tod, der im Paradies seinen Ausgang genommen hat, zu retten.

3. Strophe

Die Heilung muss nach Gottes Vorstellung radikal sein, von der Wurzel her erfolgen: Wenn vom Holz des Paradiesbaumes schon der Tod seinen Anfang nahm, so soll vom Holz des Kreuzes das Leben wieder seinen Anfang nehmen.

4. Strophe

Sie stellt den neuen Adam Christus vor und schildert in dichten Bildern die Durchführung des in Strophe 3 gefassten Heilsplanes: Die Geburt des Sohnes Gottes aus dem Schoß einer Jungfrau. Das von Venantius hier im Zusammenhang mit der Sendung des Sohnes durch den Vater gebrauchte Wort »arx« ist sehr anschaulich und meint eigentlich einen von Natur oder Kunst festen, hohen Punkt, der eine Stadt deckt oder beherrscht, also eine Feste, wenn wir so wollen eine »feste Burg« (Luther). Von ihr aus sendet der Vater seinen Sohn, der aus dem jungfräulichen Schoß der Maria hervorgeht. Hier klingt die wunderbare Formulierung des Ambrosius an, der in seinem Adventshymnus »Veni Redemptor gentium« gedichtet hatte: eine solche Geburt (aus der Jungfrau) ziemt allein Gott. Dem begreifenden Sinn nicht zugänglich aber dem staunenden: »Wunder sind der Inhalt der Theologie« (Kurt Marti).

5. Strophe

Sie betont die Enge des menschlichen Daseins, in die sich der Sohn Gottes begibt. In den Binden ist vielleicht auch schon das Angebundensein ans Kreuz mitgesagt. Übrigens werden in den weihnachtlichen Fatschenkindern (abgeleitet von »fascis – das Bündel«) barocker Tradition diese »fasces« sichtbar gemacht.

6. Strophe

Das an Markus 1,15 erinnernde »Die Zeit ist erfüllt« bringt Venantius auch dichterisch zum Klingen. Er wählt für den Beginn des öffentlichen Wirkens Jesu nicht den Begriff der dreißig Jahre, sondern den der sechs mal fünf Jahre: »Lustris sex« ist ein im römischen Pacht- und Steuerrecht gebräuchlicher Zeitraum von fünf Jahren, die sechs aber gilt seit alters her als Zahl der Vollständigkeit und Abgeschlossenheit. Hier in Strophe sechs taucht auch noch einmal der Begriff »immolatus« auf, und erweist diese Strophe, in der das Kreuz als Ort des Opfers genannt wird, als Tiefpunkt und Mitte des Hymnus. Es ist vielleicht in diesem Zusammenhang daran zu erinnern, dass auch Johann Sebastian Bach in seinem Weihnachtsoratorium die Anlage so wählt, dass in der Mitte des zweiten Teiles mit tiefen Tonarten das Rezitativ und der Choral zu stehen kommen, die von der Geburt »im finstern Stall künden«.

7. Strophe

In ihr stellt Venantius die Bedeutung des Blutes Christi heraus und deutet es im dichterischen Bild als Wasser, in dem das ganze Weltall (vgl. Strophe 1) reingewaschen wird. Er nimmt dabei ein Bild auf, das schon in der Vision des Propheten Ezechiel vom Tempel vorkam: »Und er führte mich zu der Tür des Tempels. Und siehe da floss ein Wasser heraus. [...] Dies Wasser [...] mündet ins tote Meer. Und wenn es ins Meer fließt, soll dessen Wasser gesundwerden und alles wohin der Strom kommt soll leben« (Ezechiel 47, 1.8.9). Dieses Bild ist Vorbild für den neuen Tempel Christus. An dem Kreuz als »Trophäum« erweist er sich als Sieger über alle Mächte unter, auf und über der Erde. Sie verlieren dadurch ihre bedrohliche Macht und sind nun in die Versöhnung zwischen Himmel und Erde einbezogen.

Die siebte, achte und neunte Strophe sind Anreden des Dichters an jenes Holz, an dem der Erlöser hing. Sie gehören zum Schönsten und Edelsten, was im guten Sinne fromme Dichter persönlich und in direkter Beziehung zu ihm stehend zu diesem auserlesenen Gegenstand der Schöpfung gesagt haben. Die Unmittelbarkeit der Bildersprache bedarf keines weiteren Kommentars.

Der Hymnus endet mit der Nennung des Leibes und Blutes des Lammes in »eucharistischer« Sprache. Dies kann als Hinweis auf die sich seit dem 7. Jahrhundert an die Kreuzverehrung anschließende Austeilung der Kommunion gedeutet werden, aber auch darauf verweisen, dass jede Eucharistie Danksagung für den Kreuzestod und die Auferstehung ist, diese erinnert, in der Feier in die Gegenwart hereinholt und mit ihr den Anbruch des Reiches Gottes feiert. Wie das Paradies am Anfang ist noch mehr dieses Paradies des Reiches Gottes nicht das stolze Produkt von Menschenhand, sondern ganz und gar Geschenk der Güte Gottes.

Zusammenfassend

So haben wir in und mit der ausführlichen Darstellung diesen umfangreichen Hymnus des Venantius als ein besonders wertvolles Beispiel kennengelernt für das, was wir Geistgewirktheit nennen. Möge der Geist, der ihn erfüllt hat, bei dem Zuhören weiterwirken als Begeisterung, die das Herz als unsere Wesensmitte immer mehr in Einklang bringt mit unserer Stimme, die nun eingeladen ist, freudig in den Hymnus einzustimmen.

HYMNUS DER OSTERZEIT

»Iesu, nostra redemptio«

Iesu, nostra redemptio,
Amor et desiderium,
Deus creator omnium,
Homo in fine temporum.

Quae te vicit clementia,
Ut ferres nostra crimina,
Crudelem mortem patiens,
Ut nos a morte tolleres;

Inferni claustra penetrans
Tuos captivos redimens;
Victor triumpho nobili
Ad dextram Patris residens?

Ipsa te cogat pietas,
Ut mala nostra superes
Parcendo, et voti compotes
Nos tuo vultus saties.

Tu esto nostrum gaudium,
Qui es futurum praemium;
Sit nostra in te gloria
Per cuncta semper saecula.
Amen.

Jesus, Du unsere Erlösung,
Du Liebe und Sehnsucht,
Du Gott und Schöpfer der Welt, der Du
am Ziel der Zeiten Mensch geworden bist.

Was für eine gütige Milde besiegte Dich,
dass Du unsere Verbrechen trugst,
indem Du den grausamen Tod erduldetest
um uns dem Tode wegzunehmen?

Du dringst ein in die verschlossenen Tiefen der Erde,
gibst den Deinen, dort gefangen, die Freiheit zurück.
Sieger, der Du im preisenswerten Triumphzug nun
zur Rechten des Vaters sitzt.

Genau diese Deine Liebe dränge Dich jetzt dazu,
unser Unheil durch Vergebung zu überwinden
und in der Erfüllung unserer Sehnsucht
sättige uns mit dem Lichte Deines Antlitzes.

Sei Du unsere Freude jetzt,
der Du unser zukünftiger Siegespreis bist.
In Dir begegne uns die lichterfüllte Herrlichkeit
in der Ewigkeit.
Amen.

Der Hymnus stammt von einem unbekannten Dichter des 7. oder 8. Jahrhunderts, also aus einer Zeit, in der die lateinische Sprache nicht mehr eine von Kindheit an gelernte Sprache war, sondern eine Sprache für Gelehrte und Wissenschaftler. Bei Sedulius und bei Gregor d. Gr. war dies noch anders.

Aber über die auch der Wissenschaft verpflichteten Klöster und Hochschulen ist die antike Kultur ins Mittelalter überliefert und als wertvolles Erkenntnisgut weitervermittelt worden. Wir können das sehr gut daran erkennen, dass der Dichter den vorliegenden Hymnus im »Ambrosius« dichtet. Es ist die aus Jamben (kurz-lang) bestehende Strophe, in der auch der Schöpfungshymnus gedichtet war.

Das Gedicht preist in fünf Strophen das eigentlich unsagbare Erbarmen des menschgewordenen Sohnes Gottes:

Er »hat gelitten und ist begraben worden, ist am dritten Tage auferstanden, [...] und aufgefahren in den Himmel. Er sitzt zur Rechten des Vaters« So jedenfalls versucht das Credo das Unaussprechliche in Worte zu fassen. Der Hymnendichter wählt einen anderen Weg der Annäherung. Diesen Weg lade ich ein, durch übende Betrachtung einmal genauer zu verfolgen.

Jede Strophe ist getragen von der Anrede »Du« und jede Strophe versucht, wie auch die Psalmen 8 und 104, über das Staunen Zugänge zum Unaussprechlichen zu finden.

Die erste Strophe ist – wie immer – Ouvertüre. In ihr preist der Dichter Jesus mit Titeln, Namen und Worten, die alle einen objektiven Rückhalt haben, aber eben durch die persönliche Anrede »Du« subjektiv angeeignet sind. Er sagt aus, was Jesus für ihn ***ist***. Wir kennen die Bezeichnung »Redemptor – Erlöser« aus vielerlei Schriftstellen und Hymnen. Es bezeichnet eigentlich jene Person, die Sklaven freikauft. Auch im Hymnus des Ambrosius »Veni Redemptor gentium« kommt diese Sehnsucht nach dem Erlöser zum Ausdruck. In zweiten Teil der ersten Strophe erkennen wir jenes Stilmittel des Paradoxons, von dem auch der Hymnus des Sedulius geprägt war: Der Schöpfer der Welt wird selbst Mensch.

Es fällt auf, dass es in dieser ganzen ersten Strophe kein Verb gibt. Erst in der zweiten Strophe steht das erste Verb. Jetzt betrachtet der Hymnendichter das Erlösungsgeschehen, jetzt spricht er aus, was Jesus für ihn ***getan hat***. Staunend steht er vor der eigentlich unvorstellbaren Größe dieser Tat, die nun in den Strophen zwei und drei in persönlicher Rede in einer anbetenden und betrachtenden Haltung als vergangene Heilstat beschrieben wird. Die staunende Haltung ist wiederzuerkennen am Fragezeichen der dritten Strophe.

Viele Übersetzungen versuchen, das dichterische Versmaß auch ins Deutsche zu übertragen. Dabei gehen leider oft viele Feinheiten des dichterischen Textes verloren. Ich habe versucht, durch eine möglichst textgetreue Übersetzung, diese Formulierungen nachzuzeichnen, die unseren Hymnendichter als großen Schriftkenner ausweisen. Denn alle seine Formulierungen sind »abgesichert« in Schriftzitaten. Im Text »Er hat unsere Verbrechen getragen«

klingt das Lied vom Gottesknecht (Jesaja 52,13ff) an; im »er hat den grausamen Tod erduldet« klingt der Text des Apostels Paulus nach »Christus ward gehorsam bis zum Tod, ja bis zum Tod am Kreuz« (Philipper 2,8).

Die dritte Strophe ist textliche Formulierung dessen, was die Oster-Ikone zeigt, auf der der Auferstandene den in der Unterwelt gefangenen, im Grab befindlichen Menschen in sein wunderbares Licht zieht. Die dritte Zeile erinnert mit ihrer Formulierung »tuos captivos redimens – gibst Du den Deinen, dort gefangen, die Freiheit zurück« an Psalm 68, der den Triumphzug des Siegergottes in seine Königsresidenz besingt und den der Choral im Horizont des Sieges des Christus über den Tod zum Fest Christi Himmelfahrt verwendet.

In der vierten und fünften Strophe wechselt die Perspektive von der Betrachtung des Erlösungsgeschehens in der Vergangenheit ins Präsens der Bitte. Diese beiden Strophen sind das Ausrufezeichen, das auf die staunenden Fragezeichen der Strophen zwei und drei antwortet. Sie nehmen die Worte der ersten Strophe wieder auf, sind aber jetzt durch die Betrachtung konkreter und persönlicher geworden. Die »pietas« meint eine Liebe zwischen Blutsverwandten, der Kinder zu den Eltern und umgekehrt. Wenn nun der Dichter dieses Wort verwendet, weiß er sich als gottverbundenes Geschöpf. Auch das »desiderium« wird konkret: »Sättige uns mit dem Lichte Deines Antlitzes.« Hier scheint Psalm 80 durch, der diese Sehnsucht formuliert. Sie ist unübertrefflich übersetzt bei Martin Buber: »Lichte Dein Antlitz und wir sind befreit« (Psalm 80,20).

Wir haben mit der Betrachtung dieses Hymnus auch noch ein weiteres Qualitätsmerkmal der alten Hymnodie entdeckt, das wir auch für uns nutzen könnten. In der ersten Strophe zeigt uns der Dichter, wie sehr er geprägt ist von dem, was er gehört, studiert, aufgenommen, was er gelernt hat, was Jesus ist. Aber er erzählt nicht, was er gelernt hat, sondern er erzählt, was er mit dem Gelernten getan hat. Er betrachtet es in anbetender Haltung selbst. Das ist auch seine Einladung an uns, das ist die Frucht, die wir von seinem Hymnenbaum pflücken könnten: dass das Erlernen von überlieferten Sachverhalten, die objektiv als Gegenüber erscheinen immer nur eine erste Voraussetzung ist. Seine Botschaft an uns ist, dass es der persönlichen Aneignung des Gelernten bedarf durch Beziehungsaufnahme. Diese Aneignung kann geschehen durch Singen, Staunen, Erleben, Schauen, Aufmerken, mit allen Sinnen dabei sein und »dem Wunder, leise wie ein Vogel die Hand hinhalten« (Hilde Domin).

Was sich ja zunächst wie ein Lied eines Gottesschwärmers anhört, was wir einer Maria Magdalena in den Mund legen könnten, ist in allen seinen betrachtenden Formulierungen in der Hl. Schrift abgesichert. Diese Absicherung schützt es vor Banalität und Flachheit. So angebunden kann sich das so innige, persönliche Preislied unserer wohlwollenden Aufnahme empfehlen. Wir könnten es als Quersumme des Glaubens betrachten, von der wir dankbar registrieren, dass sie uns nicht nur in gelehrten Texten, sondern in Liedern und Bildern überliefert ist.

Aber diese Lieder und Bilder überzeugen nur, wenn sie das Gelernte und das zu Lobende, wenn sie das Gesungene und das zu Bekennende als zwei Seiten einer Sache begreifen. Ohne die Bindung ans Gelernte bleibt es oft vages Gefühl, mit ihr hat es Kern und Verbindlichkeit. Es ist weitererzählt, hat Kontinuität und Neues in sich, es ist Dogmatik fürs Herz und ist auch das Herz für die Dogmatik. Paulus hat es uns schon empfohlen: »Lasst das Wort Christi reichlich unter euch wohnen; lehrt und ermahnt einander in aller Weisheit; mit Psalmen, Lobgesängen und geistlichen Liedern singt Gott dankbar in euren Herzen« (Kolosser 3,16).

HYMNUS ZU CHRISTI HIMMELFAHRT

»Aeterne rex altissime«

Aeterne rex altissime
Redemptor et fidelium,
Quo mors soluta deperit,
Datur triumphus gratiae,

Du ewiger König, Du Höchster,
Du Rückkäufer der Gläubigen,
durch Dich geht der Tod zu Grunde,
durch Dich triumphiert die Gnade.

Scandens tribunal dexterae
Patris, potestas omnium
Collata est, Iesu, caelitus
Quae non erat humanitus,

Du besteigst den Richterstuhl zur Rechten
des Vaters, die Macht über alles,
die es vom Menschen her nicht gab,
wurde Dir, Jesus, vom Himmel übertragen.

Ut trina rerum machina
Caelestium, terrestrium
Et infernorum condita
Flectat genu iam subdita.

Damit das dreifache Gefüge
der himmlischen, irdischen
und unterirdischen Welt
schon unterworfen sein Knie beuge.

Tremunt videntes angeli
Versam vicem mortalium:
Culpat caro, mundat caro,
Regnat Deus Dei caro.

Die Engel beben und sehen,
dass das Los der Sterblichen sich gewendet hat:
Es sündigt das Fleisch, es reinigt das Fleisch,
es herrscht Gott, Gottes eigenes Fleisch.

Tu, Christe, nostrum gaudium,
Manens Olympo praemium,
Mundi regis qui fabricam,
Mundana vincens gaudia.

Du, Christus, bist unsere Freude,
Du bleibender Lohn im Himmel,
der Du deine Schöpfung lenkst
und stärker bist als die weltlichen Freuden.

Hinc te precantes quaesumus,
Ignosce culpis omnibus
Et corda sursum subleva
Ad te superna gratia,

Flehentlich bitten wir Dich deshalb,
vergib uns all unsere Schuld
und hebe die Herzen empor zu Dir
mit der Gnade von oben.

Ut cum rubente coeperis *Clarere nube iudicis,* *Poenas repellas debitas,* *Reddas coronas perditas.*	*Denn dann vertreibst Du* *bei deinem strahlenden Erscheinen auf den Wolken* *als Richter die gerechten Strafen* *und stellst die verlorene Würde wieder her.*
Gloria tibi, domine, *Qui scandis super sidera,* *Cum Patre et Sancto Spiritu* *In sempiterna saecula.*	*Die Ehre sei Dir, o Herr,* *der Du über die Sterne dich erhebst,* *mit dem Vater und dem Heiligen Geist* *für immer in Ewigkeit.*

Die Autorenschaft für den Hymnus ist unsicher. Die ersten vier Strophen könnten durchaus ambrosianischen Ursprungs sein (4. Jahrhundert). Zuschreibungen für den gesamten Hymnus gibt es auch für Venantius Fortunatus (6. Jahrhundert). Die Betrachtung orientiert sich an der in den ***Annalecta Hymnica*** vorliegenden Originalgestalt.

Die erste Strophe preist Christus als den höchsten König, als Rückkäufer (vgl. das »Veni Redemptor gentium«), als gnadenhaften Sieger über den Tod. Das »scandens dextrae patris« verrät uns durch sein Präsens, dass wir es mit einem Himmelfahrtshymnus zu tun haben. Es ist gleichzeitig ein Anklang an Psalm 110,1. Und die »Potestas omnium« erinnert uns an Matthäus 28,18: »Mir ist alle Gewalt gegeben ...«.

Die zweite, fünfte und achte Strophe sprechen davon, dass Jesus (2. Str.), Christus (5. Str.) vom Vater gewährt wird, zur Rechten zu sitzen und von ihm zur Allmacht erhöht wird. Seine Macht ist verliehene Macht.

In der dritten Strophe werden zum Herrschaftsbereich des erhöhten Christus außer Himmel und Erde noch die »inferna – die Unterwelt« hinzugenommen, die sich ihrerseits auf den Philipperbrief (2,6–11) stützt. Diese drei eher statischen Bereiche werden unter dem Einfluss der Naturphilosophie der Zeit zu kunstvoll bewegten Gebilden (»fabrica« und »machina«). Christus trägt hinfort den Titel »Pantokrator«. Er wird hier im Hymnus als Lenker eines sich bewegenden Kunstwerks gesehen.

Das Außergewöhnliche der beiden Strophen 3 und 5 besteht aber darin, dass das, was wir gewöhnlich dem Schöpfer selbst zuschreiben, hier dem erhöhten Jesus Christus übertragen ist. Das mag bei uns freudiges Erstaunen auslösen, bei den Engeln – so die vierte Strophe – löst es ein Beben aus. Das Wort »tremens« erinnert an das Erdbeben am Ostermorgen (Matthäus 28,2). Die Engel, die vor Gottes Angesicht stehen, sehen durch den sterblichen, nun erhöhten Menschen Jesus Christus ihren Stand gefährdet. Heißt es doch im Psalm 8: »Was ist der Mensch, dass du seiner gedenkst? Und des Menschen Kind, das du dich seiner annimmst? Du machst ihn wenig geringer als Engel, mit Ehre und Hoheit kröntest du ihn«. Hier steht der Mensch unterhalb der Engel. Der Psalm bestätigt die alte Kosmologie, in der es eine klare Abstufung zwischen der unkörperlichen Engelwelt und der Menschenwelt gibt. Das nachparadiesische »culpat caro – das Fleisch sündigt« (vgl. Genesis 3) vergrößert diesen Abstand nur noch. Jetzt heißt es in einer vorher nie so formulierten dichterischen Prägnanz: »culpat caro, mundat caro, regnat Deus Dei caro – es sündigt das Fleisch, es macht rein, Gott herrscht, Gottes eigenes Fleisch«.

Kein Wunder, dass diese Strophe, die eigentlich doch hymnisch und nicht dogmatisch denkt, die auch formal das Zentrum des Hymnus bildet und die von den »fabrica«-/»machina«-Strophen 3 und 5 gerahmt wird, mancherlei »Korrekturen« über sich ergehen lassen musste. Man könnte eine ganze Geschichte der »Verbesserungen« erzählen. Das geht von den »Reinigungen« des Humanismus im 16. Jahrhundert über insgesamt sechs (!) »Korrekturen« in mehreren Strophen in der Fassung der Liturgia Horarum, bis zum Gotteslob (GL 339), in dem es nun heißt: »Die Engel mit Erstaunen sehn, was Wunder mit der Welt geschehen. Sie lag im Tod, nun ist sie frei, durch Christi Sieg sie wurde neu«. Das ist auch schön, hat aber mit dem Hymnus nichts mehr gemein.

So zeigt uns der vorgestellte Hymnus mit dichterischer Wortgewalt, welche Konsequenzen die Machtübergabe an den Sohn hat. Nun thront ein vergöttlichter Erdenmensch über der Geisterwelt der Engel. Dadurch werden alle Verhältnisse im Himmel umgekehrt, »vice versa« eben. Die Bitten, die nun in der sechsten und siebten Strophe formuliert werden, sind im Blick auf die Wiederkunft formuliert. Sie gipfeln in der Bitte, dass die Gnade endgültig siegen möge. Die Bitten münden in das Lob der später hinzugefügten Doxologie. In ihrer Mitte thront jetzt »Deus Dei caro«! Wo ist kräftiger davon gekündet, dass die Auferstehung Christi ein kosmisches Ereignis ist, von dem auch wir glaubend umfangen sind?

HYMNUS ZUM PFINGSTFEST

»Veni Creator Spiritus«

Veni Creator Spiritus,
Mentes tuorum visita,
Imple superna gratia
Quae tu creasti pectora.

Komm, Schöpfer Geist,
besuche das Innere der Deinen.
Erfülle mit Deiner Gnade von oben
die Herzen, die Du erschaffen hast.

Qui Paraclitus diceris,
Donum Dei altissimi,
Fons vivus, ignis, caritas,
Et spiritalis unctio.

Der Du Tröster-Beistand genannt wirst,
Geschenk vom Höchsten Gott,
lebendige Quelle, Feuer, Liebe
und geistlicher Balsam.

Tu septiformis munere,
Dextrae Dei tu digitus,
Tu rite promissum Patris,
Sermone ditans guttura.

Du siebengestaltig in den Gaben,
Du Finger der Rechten Gottes,
Du vom Vater erfülltes Versprechen,
Du bereicherst die Stimme mit Sprache.

Accende lumen sensibus,
Infunde amorem cordibus,
Infirma nostri corporis
Virtute firmans perpeti.

Zünd an den Sinnen Dein Licht,
gieß Deine Liebe in die Herzen,
das Schwache unseres Leibes stärke
durch Deine fortwährende Kraft.

Hostem repellas longius,
Pacemque dones protinus:
Ductore sic te praevio
Vitemus omne noxium.

Vertreibe den Feind weiter weg,
schenk uns beständigen Frieden,
damit wir unter Deiner vorausgehenden
Führung alles Schädliche meiden.

Per te sciamus da Patrem,
Noscamus atque Filium,
Te utriusque Spiritum
Credamus omni tempore.

Durch Dich mögen wir den Vater erkennen,
und auch den Sohn kennen lernen,
dich mögen wir allezeit als Geist glauben,
der von beiden ausgeht.

Der Hymnus »Veni Creator Spiritus« stammt wohl von Hrabanus Maurus, einem Abt aus Fulda mit Kontakt zur Hofschule Karls des Großen, also aus dem 9. Jahrhundert.

1. Strophe

Wir finden zunächst die Anrede »Creator Spiritus«, nicht die, die wir Pfingsten vielleicht erwartet hätten, »Sancte« Spiritus! Das irritiert zunächst. Denn als »creator« im christlichen Sprachgebrauch gilt der Vater. So heißt es im Credo: »Ich glaube an Gott den allmächtigen Vater, den Schöpfer des Himmels und der Erde«. Dagegen wird im großen Glaubensbekenntnis der Geist als der Herr, der lebendig macht, benannt. Wir schauen uns das näher an.

Das Wort »creator« führt uns dorthin, wo zum ersten Mal davon die Rede ist. Im ersten Schöpfungsbericht heißt es: »Und der Geist Gottes schwebte über den Wassern«. Im Hebräischen steht dort für Geist das Wort »ruach«. Es ist im Hebräischen feminin. Und das Schweben dürften wir auch mit »brüten« übersetzen, sodass es heißen würde: die Brütekraft Gottes brütete über den Wassern, damit sie für die Menschen als Lebenselement erfahrbar werden und nicht nur Bedrohung sind. Und diese Lebenskraft erweist ihre eigene Lebendigkeit darin, dass sie nicht einfach statisch vorhanden ist, sondern herbeizurufen ist: »Veni!« Sie kommt und geht nicht nur wie der Wind, sondern kann bewusst, mit Worten, angegangen werden. Dieses feminine »ruach« übersetzt die griechische Bibel mit »pneuma«, einem Wort sächlichen Geschlechts. Es evoziert mehr das Bild vom Wechsel und vom lebendigen Ausgleich von Polaritäten, die Erfahrung der Dynamik der Welle und des Windes. Dieses sächliche »pneuma« übersetzt Hieronymus in der lateinischen Vulgata mit dem maskulinen »spiritus«, das deutlich und klar den Atem meint. Dieses Bild vom Atem führt uns wieder zu den Schöpfungserzählungen der Genesis zurück. Denn dort, in Genesis 2,7, bläst Gott dem Menschen, den er aus dem Ackerboden geformt hatte, seinen Atem in die Nase. Mit diesem Akt erhalten wir sozusagen den physikalischen Erweis unserer Gottebenbildlichkeit. In diesem Sinne könnten wir sagen: Jeder Atemzug – ein Gottesbeweis!

Wir können das Spiel mit dem »Was sagt uns das Wort ›Creator‹ auch noch?« im Deutschen weiterverfolgen. Das Wort »Geist« wird erst seit Luther als deutsches Wort für die »ruach«, das »pneuma« und den »spiritus« benutzt. Vorher wurde »spiritus« immer mit »Odem« übersetzt. Wir dürfen auch ruhig eingestehen, dass wir bei »Geist« vielleicht manchmal eher an philosophische Gedankengänge oder an ein Gespenst denken als an die lebensspendende Gotteskraft. Das Wort »Geist« aber ist wortverwandt mit Gischt und Geysir! Diese Begriffe lassen in uns ganz neue heftige und intensive Bilder aufsteigen. Es geht bei der Gischt um Wasser, das sich tosend mit Sauerstoff anreichert und kraftvoll seine Macht zeigt. Es geht beim Geysir um heißes Wasser, das mit ungeheurer Wucht aus der Erde hervorbricht. Hier berühren sich nun plötzlich die Bildvorstellungen mit dem hebräischen, griechischen und lateinischen Begriffen, die alle mit energetischen Konnotationen verbunden werden können, die wir als Christen in der dritten Person anreden dürfen und deren Wesensgleichheit mit dem Vater unser Dichter ausdrücklich herausstellt.

In der ersten Strophe finden wir drei Anreden vor: veni, visita, imple – komm, suche heim und erfülle. Beim genauen Hinsehen bemerken wir, dass in ihnen eine Bewegung zum Ausdruck gebracht wird, also etwas, das zum Wesen dessen gehört, der angesprochen ist. Und diese Bewegung drückt eine klare, immer größere Nähe aus: bei »veni« ist er noch weit weg, bei »visita« steht er vor der Türe und klopft auf einen Besuch bei unseren »mentes« an. »Mentes« meint Geist, Seele und Verstand als Orte, wo unsere Empfindungen und Sinneseindrücke verarbeitet werden. Die dritte Bitte »imple« fordert den Geist auf, die »pectora« zu erfüllen, das ganze innere Haus unseres Wesens, die Herzmitte also. Von diesem Herzen sagt der Dichter, dass der Geist es selbst geschaffen hat, um dort zu wohnen. Das »tuorum« – die Deinen – stellt diese Beziehung, die zwischen dem Geist und dem Herzen besteht deutlich heraus. So sind nach dem Hymnendichter der Erdkreis und das Herz miteinander verbunden – durch den Geist.

Und was bringt er mit, wenn er kommt und erfüllt? »Gratia superna«, Gnade von oben, griechisch »charis«, ein Wort, welches mit »chairo« verwandt ist und »sich freuen« bedeutet. Das entführt unsere Fantasie zu Maria, der der Engel verkündet: »chaire« – freue Dich«.

Zusammenfassend zeigt sich im Rückblick das Gesicht der ersten Strophe: die Anrede geht an den universalen Lebensspender, an den, der dafür Sorge trägt, dass wir das Leben haben und es in Fülle haben, wenn wir ihn darum bitten und uns mit ihm verbinden. Von ihm wird eine seinem Wesen gemäße Bewegung erbeten. Sie wird ausgesagt in drei Bitten, die eine zunehmende Nähe und Intensivierung ausdrücken.

2. und 3. Strophe

Die zweite und dritte Strophe entfalten diese Anrede nun pleonastisch. Der Autor bereitet eine Fülle von Titulaturen und Bildern vor uns aus, eine Litanei, die einer näheren Betrachtung wert ist. Da ist zunächst der »Paraclitus«, ein Begriff aus dem forensischen Bereich, eigentlich der Rechtsanwalt, ein Titel, den der heilige Johannes dem Geist an vier Stellen in seinem 14. Kapitel gibt, zum Beispiel bei Johannes 14,16: »Ich werde den Vater bitten und er wird euch einen anderen Beistand geben, der für immer bei euch bleiben soll«, und Johannes 14,26: »Der Vater wird in meinem Namen den Beistand senden«. Im Deutschen übersetzen wir ihn in der Regel mit »Tröster«. Der Anwalt sorgt für Recht, denn Unrecht mindert das Leben.

Die Anrede »Geschenk vom Höchsten« führt uns wieder zur Genesis zurück. Mit dem Atem erhalten wir den physikalischen Erweis seiner Gottebenbildlichkeit. Der Rest ist »adamah« – Erde.

Die reine Gottesgabe wird als Liebe bezeichnet, so bei Paulus im Römerbrief, wenn er schreibt: »Die Liebe ist ausgegossen in unsere Herzen durch den Heiligen Geist, der uns gegeben ist« (Römer 5,5). Bei Thomas von Aquin ist »amor« gar der Eigenname des Heiligen Geistes.

Mit »donum« und »caritas« werden »fons vivus« und »ignis« gerahmt. Bei »ignis« denken wir natürlich an die Feuerzungen des Pfingstereignisses aber auch an die Erfahrung von Licht und Wärme, die für uns lebensnotwendig sind. »Fons vivus«, das ist die Quelle, die unablässig klares Wasser aufsprudelt und Zeichen für unerschöpfliche Lebendigkeit ist. »Fons vivus« führt uns aber auch wieder zum Evangelisten Johannes. Im 7. Kapitel schreibt er: »Wer Durst hat, komme zu mir und es trinke, wer an mich glaubt« (Johannes 7,37–38). Auch an die Erzählung von der Samaritanerin am Jakobsbrunnen kann uns das Bild »fons vivus« gemahnen. Nach der Logik der Elemente sind Feuer und Wasser eigentlich einander fremd, dem Geist werden sie jedoch gleichermaßen zugeschrieben.

Es folgt die »spiritalis unctio«, die geistliche Salbung. Sie führt uns zu den Königen des alten Israel. Ihnen goss man Öl über das Haupt, das ihnen Glanz und Kraft verlieh. Und in Jesaja 61,1 lesen wir: »Der Geist Gottes, des Herrn, ruht auf mir, denn der Herr hat mich gesalbt.«. Die Ausstattung mit Kraft zur Ausrichtung einer Botschaft: es geht um die Firmung durch den Geist.

Die dritte Strophe nennt zuerst »tu septiformis munere«. Dies bezieht sich auf die sieben Gaben, die wir in der Septuaginta- und Vulgatafassung von Jesaja im 11. Kapitel aufgezählt finden. Es sind dies: Weisheit, Verstand, Rat, Stärke, Wissenschaft, Frömmigkeit und Furcht des Herrn. Im hebräischen Text finden wir allerdings nur sechs Prädikate. Es geht hier nicht um charismatische Sonderbegabungen, sondern um etwas, das wir alle vom Geist erbitten können. Angelus Silesius nennt es »Gnadengut«, es ist aber auch Amt und Aufgabe.

Die Bezeichnung »dextrae Dei tu digitus« meint nicht, wie Heinrich Bone es im alten Gotteslob übersetzt »O Finger Gottes, der uns führt«, sondern sie geht zurück auf den Evangelisten Lukas. Bei ihm heißt es in 11,20: »Wenn ich durch den Finger Gottes die Dämonen austreibe, so ist das Reich Gottes zu Euch gekommen.« Bei Matthäus 12,28 heißt es: »Wenn ich durch den Geist Gottes die Dämonen austreibe, dann ist das Reich Gottes schon zu Euch gekommen«. Es ist also eine Geste des Befehls, der die bösen Geister vertreibt. Die biblische Textstelle zur Anrede »tu rite promissum patris« befindet sich bei Lukas 24,49: »Und siehe, ich sende die Verheißungen des Vaters auf Euch.« Diese Verheißungen werden mit dem Sprachenwunder des Pfingstmorgens erfüllt. Das »rite« ist ein Hinweis, dass es nicht vage Versprechungen sind, sondern eine Verheißung, die wir beim Propheten Joël nachlesen können: »Und nach diesem will ich meinen Geist ausgießen über alles Fleisch« (Joel 3,1). Dieses Versprechen sieht Petrus am Pfingsttag erfüllt. Es folgt als letzte Anrede die zugleich schönste: »sermone ditans guttura«. Mit drei Worten bezeichnet der Dichter etwas, dass wir nur umständlich in mehreren Sätzen aussagen können, so etwa: »Du bereicherst unsere Kehllaute mit verständlicher Rede.« Hier bindet der Dichter alles, was mit Sprache, mit Hören, mit Kommunizieren zusammenhängt, an diese göttliche Lebenskraft. Sie erst ermöglicht unsere Sprache, unser Verstehen und unsere Gemeinschaft. Eine der frühesten deutschen Übertragungen dieses Hymnus übersetzt die Zeile so: *»so mach uns der Keln hort dines veraissens wort«.* Hier ist die menschliche Kehle als Aufbewahrungsort eines Schatzes imaginiert, und in diesem Hort ist das göttliche Wort verwahrt. Welch wunderschönes Bild!

So zeigen uns die zweite und dritte Strophe einen Hymnendichter, der vor allem auch ein Bibelkenner von hohen Gnaden war, da er alle Titulaturen biblisch begründet, sie in den zu singenden Hymnus einbringt, damit wir sie, die dort im objektiven Text stehen, uns singend subjektiv aneignen können.

Nach diesen reichhaltigen Preisungen folgen nun in den nächsten drei Strophen Bitten um das Wirken dieses schöpferischen Geistes in uns, die den Hymnus beten und singen.

4. Strophe

Die vierte Strophe bittet mit drei Anrufungen um des Geistes Kraft für alle drei Lebensbereiche des Menschen: dem Verstand möge er ein Licht anzünden, der Seele die Liebe eingießen und der Schwäche des Körpers aufhelfen. Es ist offenkundig, dass hier der Dichter auf die in der ersten Strophe genannten Bereiche »mentes« und »pectora« zurückgreift und nun als drittes auch den Körper in diese Bitten mithineinnimmt. Hier hat der Hymnendichter übrigens zwei Zeilen aus dem Adventshymnus »Veni Redemptor gentium« von Ambrosius übernommen. Diese singen von der Fleischwerdung Christi. Er knüpft die Bitte daran, dass durch diesen Eingang Gottes in das sterbliche Fleisch die Schwäche unseres Leibes mit beständiger Kraft gestärkt werden möge. Aber es darf auch nicht der Hinweis auf Paulus fehlen, der im 8. Kapitel des Römerbriefes davon spricht, dass der Geist unserer Schwachheit aufhilft. Dort ist zwar nicht nur, aber auch die Schwachheit des Leibes angesprochen, denn es heißt da weiter: »dass wir warten auf die Erlösung des Leibes«. Alle Bitten dieser Strophe sind im Übrigen in der Verbform des Imperativs formuliert.

5. Strophe

Die fünfte Strophe formuliert wieder drei Bitten, nun in der Verbform des Optativs, als Wünsche. Diese gehen jetzt von den in der vierten Strophe genannten Lebensbereichen zu deren Gefährdungen und Risikofeldern. Es ist die Bitte um Freisein von der Angst vor dem Feind, sei es ein innerer oder ein äußerer. Beide mindern das Leben. Es ist die Bitte um nachhaltigen Frieden im Innen und Außen für ein gelingendes Leben und auch die Bitte um Schutz vor jeglichem Schaden, der uns Lebensmöglichkeiten raubt. Hier geht es also am Schluss der Strophe um die Führungsqualitäten des Heiligen Geistes. Sie sind – hätten wir es anders erwarten dürfen – biblisch, neutestamentlich begründet. Jesus wird vom Geist in die Wüste geführt und es gilt: »Wenn ihr euch vom Geist führen lasst, seid ihr nicht unter dem Gesetz!« (Gal 5,18). Unser Hymnendichter empfiehlt uns diesen Führer, damit wir nicht auf Abwege geraten, sondern schadlos durchkommen.

6. Strophe

Die sechste Strophe formuliert drei Bitten, nun im Hortativ. Es sind Wünsche an den Heiligen Geist, die das eigene Handeln betreffen. Inhaltlich vollzieht der Dichter darin die Wendung zum Anfang und kehrt zum Schöpfergeist zurück: Wir mögen doch den Heiligen Geist, den Schöpfergott und seinen Sohn als das erkennen, was sie sind: für unsere Wahrnehmung drei unterschiedliche Stimmen, die unisono nichts Anderes wollen, als dass ihre Geschöpfe das Leben haben und es in Fülle haben (Johannes 10,10).

Im Rückblick geht uns jetzt das geniale Werk als gewaltige Steigerung auf. Die erste Strophe ist der Kern mit der Anrede und den drei Bitten. Die zweite und dritte Strophe entfalten eine Fülle von Bildern dieser angeredeten Personen, die alle in der Heiligen Schrift wurzeln und doch hier auch ihren Eigenwert besitzen. In den letzten drei Strophen finden sich je dreifach ausgestaltete Bitten, die sich dreifach entfaltend aus den drei Bitten der ersten Strophe entwickeln. Wir dürfen so den Hymnus in seiner Gestalt als Erweis der Erfüllung der Bitten »veni«, »visita« und »imple« verstehen.

1524 hat Martin Luther den Hymnus des Hrabanus Maurus in die deutsche Sprache übertragen. Ich finde es lohnenswert, diese Fassung zum Abschluss anzuschauen:

Komm, Gott Schöpfer, Heiliger Geist

Komm, Gott Schöpfer, Heiliger Geist,
besuch das Herz der Menschen dein,
mit Gnaden sie füll, denn du weißt,
dass sie dein Geschöpfe sein.

Denn du bist der Tröster genannt,
des Allerhöchsten Gabe teu'r,
ein geistlich Salb an uns gewandt,
ein lebend Brunn, Lieb und Feu'r.

Zünd uns ein Licht an im Verstand,
gib uns ins Herz der Lieb Inbrunst,
das schwach Fleisch in uns, Dir bekannt,
erhalt fest dein Kraft und Gunst.

Du bist mit Gaben siebenfalt
der Finger an Gottes rechter Hand;
des Vaters Wort gibst du gar bald
mit Zungen in alle Land.

Des Feindes List treib von uns fern,
den Fried schaff bei uns, deine Gnad,
dass wir deim Leiten folgen gern
und meiden der Seelen Schad.

Lehr uns den Vater kennen wohl,
dazu Jesus Christ, seinen Sohn,
dass wir des Glaubens werden voll,
dich, beider Geist, zu verstehn.

Gott Vater sei Lob und dem Sohn,
der von den Toten auferstand,
dem Tröster sei dasselb getan
in Ewigkeit alle Stund.

Luther hat übrigens nicht nur den Text übersetzt, sondern auch die Melodie des lateinischen Hymnus übernommen. Luther ist – was Musik und Text anbetrifft – auf Kontinuität bedacht. Er will also nichts Neues machen, sondern auch das für ihn wunderbare Alte den Gläubigen neu vergegenwärtigen. Das nennt man übrigens »Tradition«! Da er aber in seiner Melodie ganz syllabisch bleibt – eine Silbe ein Ton – macht er aus der Not eine Tugend und verdeutlicht die Wesensgleichheit von Geist und Vater in dem er formuliert: »Komm Gott Schöpfer, Heiliger Geist.«

Auch bei Luther ist der Hymnus Dichtung, metrisch gebundener Text, jetzt im uns so vertrauten Endreim und im sogenannten Kreuzreim. Luther verdeutlicht damit, dass wir den Hymnus nur unter dem Vorbehalt von Kreuz und Auferstehung singen können. In der dritten Strophe – das »Feuer« am Ende der zweiten aufgreifend – bringt er die Bitte »Zünd uns ein Licht an im Verstand«. Diese war bei Hrabanus Maurus erst die vierte Strophe. Luther vertauscht also die dritte und vierte Strophe! Durch diesen Kunstgriff steht nun in der Mitte des siebenstrophigen Hymnus: »des Vaters Wort gibst Du gar bald mit Zungen in alle Land.« Des Vaters Wort! Die Verkündigung dieses Wortes, die eine Wirksamkeit des Geistes ist! Das originale »sermone ditans guttura« deutet Luther ganz hin auf sein Anliegen, auf des Vaters Wort, das in der Schrift an uns gerichtet ist, und auf seine Verkündigung, die geistgewirkt ist, in aller Treue zu achten.

Nicht nur Martin Luther hat sich dieses Hymnus angenommen. Legion sind die Bearbeitungen für Chor, die Bearbeitungen für Orgel von Bach bis Duruflé und legendär die Übernahme des Hymnus in die 8. Sinfonie von Gustav Mahler. Das mag daran liegen, dass alle diese Komponisten vielleicht nicht nur vom Text sich ansprechen ließen, sondern auch überzeugt davon waren, dass dem Choralisten da eine Meistermelodie gelungen ist, die alle Eigenschaften des Heiligen Geistes atmet, von dem er sich hat inspirieren lassen und so waren beide, der Dichter und der Erfinder der Melodie, gewiss vortreffliche Gottesharfen, die sich der Schöpfergeist selbst ausgesucht hat, um auf ihnen sein Lied zu spielen.

Vielleicht dürfen wir, inspiriert von dem Hymnus, auch das Credo in seinen Formulierungen ein klein wenig erweitern und ergänzen, ohne an seinem Wortlaut etwas zu verändern. Dort heißt es: »qui locutus est per prophetas« – der gesprochen hat durch die Propheten. Haben wir nicht bei der Betrachtung erfahren dürfen, dass er auch »per poetas« – durch die Poeten spricht? Oder anders gesagt: gehört es nicht zur Wesensbestimmung des Propheten dazu, in dichterischen Worten von der nicht groß genug zu denkenden Weite des Geistes Gottes zu künden? Ich bin überzeugt: diese Strophen und Töne werden weiterklingen, solange Menschenherzen Sehnsucht nach diesem lebensspendenden Gottesatem haben.

Die Hymnen besonderer Feste

HYMNUS ZU MARIENFESTEN

»Ave maris stella«

Ave maris stella
Dei mater alma
Atque semper virgo,
Felix caeli porta.

Sumens illud Ave
Gabrielis ore,
Funda nos in pace
Mutans Evae nomen.

Solve vincla reis,
Profer lumen caecis,
Mala nostra pelle,
Bona cuncta posce.

Monstra te esse matrem,
Sumat per te precem,
Qui pro nobis natus
Tulit esse tuus.

Virgo singularis,
Inter omnes mitis,
Nos culpis solutos
Mites fac et castos.

Vitam praesta puram,
Iter para tutum,
Ut videntes Jesum
Semper collaetemur.

Sit laus Deo Patri,
Summo Christo decus,
Spiritui Sancto,
Honor, tribus unus.

Ave, Stern des Meeres,
Holde Gottesmutter,
Dennoch allzeit Jungfrau,
Selig Tor des Himmels.

Aufnehmend das AVE
Aus des Engels Munde,
Gründe uns im Frieden,
Wendend EVAs Namen.

Lös der Schuldner Fesseln,
Spende Licht den Blinden,
Böses uns vertreibe,
Gutes nur erwirke.

Zeige, dass du bist Mutter:
Dir erhör die Bitte
Der für uns geboren,
Dein zu sein nicht scheute.

Jungfrau ohnegleichen,
Mildeste von allen,
Uns von Schuld Erlöste
Mache mild und lauter.

Gib ein reines Leben,
Sichren Weg bereite,
Dass wir Jesus schauen,
Teilhaft ewger Freude.

Lob sei Gott dem Vater,
Höchste Ehre Christus
Und dem Heilgen Geiste;
Lobpreis dem Dreieinen.

Der an Maria gerichtete Hymnus gehört zu den wenigen Liedern, die das Gotteslob im lateinischen Original übernommen hat (GL 520). Er stammt von einem unbekannten Autor des 7. oder 8. Jahrhunderts und zählt zu den ältesten Marienhymnen des Abendlandes. Er besteht aus sieben Strophen, die aus je vier Zeilen in einem trochäischen Versmaß bestehen.

Die erste Strophe beginnt mit jenem Ave, mit dem der Engel Maria grüßt (Lukas 1,28). Die das »Ave« nun singen, stimmen gläubig in den Gruß des Engels ein. Diesem »Ave« folgt aber nicht das gewohnte »Maria«, sondern der Titel »maris stella – Stern des Meeres«. In seiner Erklärung der hebräischen Namen leitet Hieronymus den hebräischen Namen »mir-jam« von »mar-jam« ab, was »Tropfen des Meeres« – »stilla maris« bedeutet. Das macht ein Abschreiber dann zu »stella maris«. Im Hymnus ist die Reihenfolge vertauscht, weil so noch zwei Silben von Maria anklingen. Weitere Anreden folgen: Gottesmutter, Jungfrau und Pforte des Himmels. Die erste Strophe ist so zunächst eine Inhaltsangabe des Hymnus. Der Hymnus schließt wie stets mit der Doxologie.

Die zweite Strophe greift das »Ave« der ersten Strophe auf und bringt das Wortspiel, dass das Wort »Ave« rückwärts gelesen »Eva« heißt. Maria und Eva unterscheiden sich in der Haltung gegenüber dem Wort Gottes. Eva öffnet sich dem Wort der Schlange, die ihr das Verfügungsrecht über das Leben verspricht. Mit ihrem Ungehorsam hat sie den Tod geerbt. Nun ergeht das Wort Gottes an Maria. Sie tritt an die Stelle Evas. Ihr Hören auf das Wort eröffnet einen neuen Anfang. So heißt »glauben« jetzt: das Ohr dem Wort Gottes zuneigen. Um zu betonen, dass der Unterschied im Gehorsam liegt, bezeichnen die Kirchenväter das Ohr als Empfängnisorgan. In diesem Sinne meint Jungfräulichkeit nicht Enthaltung, sondern eine spirituelle Haltung, die fragt: »Welchem Wort reserviere ich mein Empfängnisorgan ›Ohr‹«?

In der Bitte der zweiten Strophe »Gründe uns im Frieden« geht es um den messianischen Frieden, um die Aufhebung des Verlustes des Paradieses. Durch die Annahme des Evangeliums wohnt Christus in unseren Herzen, durch den wir selbst in diesem Frieden gegründet sind.

Die dritte Strophe führt den Titel »Meeresstern« aus der ersten Strophe weiter. Sie sieht Maria als Stern, der uns Herzensblinden Orientierung gibt auf unserer gefährlichen Seefahrt.

Die vierte Strophe ist nun die einzige der sieben Strophen, die einen vollständigen Reim aufweist: matr***em***-prec***em*** und nat***us***-tu***us***. Die anderen Strophen weisen entweder keinen oder nur einen partiellen Reim auf. Aber nicht nur äußerlich, auch inhaltlich ist sie das Herzstück. Maria ist hier Mittlerin, in der Rolle der Mutter Jesu ebenso wie als Mutter derer, die ihre Bitte vorbringen. Hier greift die Strophe den Titel »alma mater« auf und entfaltet ihn in dem Sinne, dass es um die eine Bitte geht, Jesus um seine Heilsgabe, die Gabe des ewigen Heils zu bitten!

Die fünfte Strophe greift den Titel »virgo« auf, auf den schon in der zweiten Strophe eingegangen wurde. Hier wird er verstärkt durch das »singularis« – »einzig«. Sie betont besonders die Milde und den Sanftmut Marias, um deren Übertragung auf den Sänger des Hymnus gebeten wird.

In klanglicher Assonanz zum »virgo« der fünften Strophe bittet die sechste Strophe um ein reines Leben (»vitam puram«). Die sich anschließende Bitte um sichere Lebensfahrt ruft das nautische Ausgangsbild des Meeressterns noch einmal in Erinnerung. Das Ziel der Reise wird im Hymnus als selige Anschauung Jesu in gemeinschaftlicher Freude gedacht, die nicht mehr vergeht (»semper collaetemur«).

Es ist Zeit zurückzuschauen. Die erste Strophe war Inhaltsangabe mit fünf Anreden. Die siebte Strophe, die Doxologie, korrespondiert mit der ersten. Die zweite bis sechste Strophe entfalten diese Anreden pleonastisch und versehen sie mit Bitten.

Die vierte Strophe haben wir von Kunst und Kult her als Mitte erkannt, um die sich nun Strophe 3 und 5 ohne und die Strophen 4 und 6 mit partiellem Reim wie Schalen fügen. Es entsteht so das Bild einer »Zwiebel« mit Kern und Schalen. So ist der Hymnus weniger Abfolge von sieben Strophen, sondern vielmehr ein wunderbares ganzheitliches Kunstwerk, eine Einheit von Kunst und Kult!

Aber er hat noch ein Geheimnis: Im lateinischen Original wird (außer in der ersten und letzten Strophe) in jeder 3. Zeile ein Bezug zu uns hergestellt: Gründe ***uns*** im Frieden, Böses ***uns*** vertreibe, der für ***uns*** geboren, ***uns*** von Schuld Erlöste, dass ***wir*** Jesus schauen.

In der 3. Zeile der letzten Strophe ist ein Verweis auf den Heiligen Geist gegeben. Er hat die Empfängnis bewirkt, er kommt an Pfingsten über die Jüngergemeinde. Wäre also die Jungfräulichkeit in der 3. Zeile der ersten Strophe als das herausgestellt, was auch bei uns Voraussetzung ist für die Geburt des Sohnes Gottes in uns?

HYMNUS ZU MARIENFESTEN

»Quem terra, pontus, aethera«

Quem terra, pontus, aethera
Colunt, adorant, praedicant,
Trinam regentem machinam
Claustrum Mariae bajulat.

Den Erde, Meer und Luftbereich
verehrn, anbeten, künden an,
Der diese dreifach Ordnung lenkt,
Umschlossen ihn Maria trägt.

Cui luna, sol et omnia
Deserviunt per tempora,
Perfusa caeli gratia
Gestant puellae viscera.

Dem Mond und Sonne und das All
Zu Diensten durch die Zeiten sind,
Durchströmet von des Himmels Gnad,
Trägt ihn des jungen Mädchens Schoß.

Mirantur ergo saecula,
Quod angelus fert semina
Quod aure virgo concipit
Et corde credens parturit.

Ein Staunen durch das Weltall ging,
Der Engel bringt den Samen hin,
Ganz Ohr, die Jungfrau ihn empfängt,
Im Herzen glaubend schwanger wird.

Beata mater munere,
Cuius supernus artifex
Mundum pugillo continens
Ventris sub arca clausus est.

Glückselig Mutter auf Geheiß
Für den, der selbst ihr Bildner ist,
Und alle Welt in Händen hält,
In ihrem Bauch verschlossen ist.

Benedicta caeli nuntio,
Fecunda Sancto Spiritu,
Desideratus gentibus
Cuius per alvum fusus est.

Gesegnet durch des Himmels Bot',
Befruchtet durch den Heilgen Geist:
Der aller Völker Sehnsucht ist,
In ihrem Schoßgewölbe ruht.

O gloriosa femina,
Excelsa super sidera,
Qui te creavit provide
Lactas sacrato ubere.

O, du des Rühmens werte Frau,
Erhoben übern Sternenkreis:
Der dich erschuf nach seinem Plan,
Ihn stillst du mit geweihter Brust.

Quod Eva tristis abstulit,
Tu reddis almo germine
Intrent ut astra flebiles,
Caeli fenestra facta es.

Tu regis alti ianua
Et porta lucis fulgida;
Vitam datam per virginem,
Gentes redemptae, plaudite.

Was Eva traurig einst verlor,
Gibst du zurück im holden Sproß.
Dass eintret' sternenwärts, wer weint,
Des Himmels Öffnung wurdest du.

Du bist des hohen Königs Tür,
Du bist des Lichtes leuchtend Tor.
Das Leben durch die Jungfrau kam;
Erlöste Völker, huldigt ihm.

Venantius Fortunatus, dem wir diesen Hymnus verdanken, steht an der Schwelle zweier Epochen. Er ist durch Herkunft und Ausbildung römischer Dichter. Nach seiner Bekehrung durch die Nonne Radegunde blieb er in Poitiers bis zu seinem Tod – so ist er nun auch mit der Ära des frühen christlichen Mittelalters verbunden.

Der Hymnus ist mit seiner Strophenform mit vier jambischen Dimetern ein typischer »Ambrosius«. Er besteht aus einem kosmischen Teil (Strophen 1 bis 4) und einem heilsgeschichtlichen Teil (Strophen 5 bis 8).

Die erste und letzte Strophe bilden einen Rahmen: In der ersten Strophe geht es um eine kosmische Liturgie, wenn die Erde, das (tiefe) Meer und der Luftbereich den Lobpreis des Schöpfers, ihres Lenkers vollziehen, denn das Wort »colunt« deutet darauf hin, dass es sich um einen Kult handelt, der sowohl Anbetung wie Verkündigung ist. Der vom Kosmos Gepriesene wird – paradoxerweise – von einem Mutterleib umschlossen.

In der achten Strophe preisen die erlösten Völker mit ihrer irdischen Liturgie den König. Dabei entsprechen sich das »regentem« der ersten Strophe und das »regis« der achten Strophe.

Auch die zweite und siebte Strophe bilden einen Rahmen: Geht es in der ersten Strophe um die Dimension des Raumes, spricht die zweite Strophe von der Dimension Zeit (Sonne und Mond als Zeitgeber (vgl. Psalm 104,19). Die siebte Strophe spricht von der Zeit der Heilsgeschichte, die von Eva bis zur Offenbarung reicht (vgl. Offenbarung 7,17; 21,4): »dass alle Tränen getrocknet werden«.

Der kosmische Teil des Hymnus bringt nun stets neue Varianten der Paradoxie der ersten Strophe. In ihrem Verlauf wird der Kosmos immer mehr von dem Ereignis in Mariens Schoß erfasst, denn zunehmend wird Maria in die Strophen hineinverwoben: in der ersten Strophe beansprucht sie nur die letzte Zeile, in der zweiten Strophe die letzten beiden Zeilen und in der dritten Strophe die letzten drei Zeilen. Die vierte Strophe spricht in der ersten und letzten Zeile von Maria und in den mittleren Zeilen von IHM, den sie »sub arca ventris« umschlossen hält. Sie beginnt mit »Beata« und betont damit die Mutterschaft Mariens und beschließt den kosmischen Hymnenteil, während die fünfte Strophe mit »Benedicta« beginnt und mit dem Engelszitat den Beginn der Heilgeschichte betont. So bilden diese beiden Strophen das verschränkte Mittelstück des Hymnus.

Darüber hinaus kommt in ihnen jeweils ein anderer Aspekt der Mutterschaft in Anrede. Die erste Strophe spricht vom »claustrum«. Das bringt den Kontrast zwischen der göttlichen Allherrschaft und der menschlichen Begrenzung zum Ausdruck. Die zweite Strophe spricht von »viscera«, dem Ort der Barmherzigkeit.

Das Wort »venter« der vierten Strophe und das Wort »alvum« der fünften Strophe meinen dasselbe, nämlich die Bauchhöhle. Sie bringen damit den Schoß Marias mit dem Schoß der Erde in Verbindung. Dabei ist es nicht uninteressant, dass das griechische Wort »koilia« etymologisch verwandt ist mit dem deutschen Wort »Höhle«, die im byzantinischen Verständnis zugleich Geburtsort und Grab ist, aus dem neues Leben sprossen wird!

Die dritte Strophe spricht von »cor«. Mit dem Herz wird jenes Organ Marias angesprochen, das bei der Verkündigung das Wort Gottes aufnahm. Das wird hier in Anlehnung an das Gleichnis vom Sämann zum Ausdruck gebracht wird (Lukas 8,11ff). Das Aufnahmeorgan ist zunächst das Ohr. Diese Strophe ist allerdings 1568 getilgt worden, weil das zum Verständnis nötige Bildverständnis nicht mehr vorhanden war.

In der sechsten bis achten Strophe nun wird Maria persönlich angeredet. Die einzelnen Titel sind: »femina« (nicht mulier (!), welches später – wohl unter klösterlichem Horizont – zu »Domina« geändert wird), »fenestra«, »ianua« und »porta«. Außerdem ist nun erstmals die Rede davon, dass Maria ihr Kind stillt, dieses also schon geboren ist.

In der achten Strophe wird durch den Titel »ianua« angedeutet, dass mit dem Eintritt des höchsten Königs in die Welt ein neues Zeitalter angebrochen ist, das dadurch gekennzeichnet ist, dass die erlösten Völker diesem König huldigen!

»Ut queant laxis«

Ut queant laxis resonare fibris *Mira gestorum famuli tuorum,* *Solve polluti labii reatum,* *Sancte Iohannes.*	*Heiliger Johannes, löse die Schuld der verschmutzten Lippen, damit die Jünger die Wunder deiner Taten mit gelockerten Stimmbändern wiedererklingen lassen können.*
Nuntius caelo veniens olympo *Te patri magnum fore nasciturum,* *Nomen et vitae seriem gerendae* *Ordine promit.*	*Ein Bote kommt vom höchsten Himmel, dem Vater kündend, dass du, geboren, groß werdest. Er nennt den Namen und verheißt die Reihenfolge der Lebensführung.*
Ille promissi dubius superni *Perdidit promptae modulos loquelae;* *Sed reformasti genitus peremptae* *Organa vocis.*	*Jener zweifelt an der Verheißung und verliert die Maße einer bereiten Stimme, gerade aber geboren, hast du ihm das Organ der verlorenen Stimme wiederhergestellt.*
Ventris obstruso positus cubili *Senseras regem thalamo manentem;* *Hinc parens nati meritis uterque* *Abdita pandit.*	*Liegend im versperrten Lager des Mutterleibes spürtest du den König, der in seinem Brautgemach liegt. Hiervon tun beide, Vater und Mutter, deine verborgenen Verdienste kund.*

Um den Heiligen gebührend zu feiern hat im 8. Jahrhundert Paulus Diaconus einen umfangreichen Hymnus mit dreimal vier Strophen verfasst. Er ist ein Adliger aus Friaul und wächst am langobardischen Königshof in Pavia auf, tritt in Montecassino ein, reist seines inhaftierten Bruders wegen an den Hof Karls des Großen. Karl der Große bittet ihn für fünf Jahre in seine Hofkapelle, zu der so berühmte Gestalten wie Alkuin und Theodulf gehören. Die Betrachtung beschränkt sich auf die ersten vier Strophen, die die Geburt des Täufers besingen.

In der ersten Strophe bittet der Dichter den im Himmel verklärten Johannes, was er am Jordan getan hat, nun auch bei seiner »Fangemeinde« zu tun: von Schuld zu reinigen, denn nur reine Lippen können das Lob eines Heiligen singen (»solve«).

Die nächsten drei Strophen sind dichterische Nachlese auf die zwei Wunder (»mira«) aus der Kinderzeit. Ihre biblische Grundlage finden wir bei Lukas 13–17. Die dichterische Nachlese gibt Gelegenheit, sich das im Evangelium Verkündete nun selbst »cantando« anzueignen, mit der Beziehungsrede in die eigene subjektive Empfindung hineinzunehmen und anzueignen. Das vermag Poesie besser als jede andere Textform. In der zweiten und dritten Strophe geht es zunächst um das erste Wunder: Johannes befreit den Vater von der Stimmbandlähmung.

Die Botschaft des Engels an Zacharias enthält eine dreifache Nachricht: sein Kind werde groß sein, sein Name »Gott ist gnädig« ist im Himmel festgelegt und sein Leben werde so und so verlaufen (Askese).

Die dritte Strophe erzählt von der zweifelnden Antwort des Zacharias, der daraufhin mit Stummheit geschlagen wird. Erst die Geburt des Johannes wird ihn aus dieser Lage befreien. Der Sohn hat also die Stimmwerkzeuge des Vaters reformiert.

Die vierte Strophe erzählt ein zweites Wunder und legt das Augenmerk auf die Mutter. Auch zu ihr kommt Besuch, Maria nämlich, aber Elisabeth reagiert weiblich. Beim Besuch Marias (2. Juli) tanzte (»exsultavit«) das Kind in ihrem Leib. Der Mutterleib von Elisabeth ist ein Schlafzimmer. Das Schlafzimmer ist »vorgewölbt«, denn Elisabeth ist bereits im sechsten Monat. Der ungeborene Johannes »fühlt« (»senseras«), dass in Marias Schoß sein König zu ihm kommt.

In der Stilistik seines Hymnus zeigt sich Paulus Diaconus als herausragender Kenner antiker Bildung und der Heiligen Schrift (Kunst und Kult!). Von Vergil kennt er den Götterboten (»nuntius«), den die Himmlischen vom Olymp zu besonderen Menschen schicken. Von ihm übernimmt er die Art, zu Beginn einer Dichtung den Beistand des Himmels anzurufen, denn irdische Kunst kann nur mit himmlischem Segen gelingen. Von Horaz übernimmt er die feierliche Wortwahl: »Queant« statt »possint« (etwa: vermögen statt können), »promere« statt »nuntiare« (verkünden statt melden). Ebenso auch die poetische Wortstellung mit dem Hyperbaton (»Drüberspringen«), das heißt ein zusammengehöriger Doppelbegriff muss über ein zwischengeschobenes Wort drüber springen: »laxis resonare fibris«, »gestorum famuli tuorum«, »promissi dubius superni«, »regem thalamo manentem«.

Kostbar wie die Sprache und der Inhalt ist auch die Metrik: der Hymnus ist eine Sapphische Ode. Sappho ist die erste europäische Dichterin, die 650 vor Christus gelebt hat. Sie erfindet für ihre Lieder eine besondere Strophenform: drei Zeilen mit je 11 Silben und eine Zeile mit fünf Silben, dem sog. Adoneus. In der lateinischen Dichtung wird die Sapphische Ode von Horaz eingeführt, der 22 Oden in sapphischer Form gedichtet hat. Paulus Diaconus verwendet diese Metrik für unseren Hymnus. Beachten wir aber: Horaz und Vergil erlernen ihre Sprache als Muttersprache von klein an. Paulus Diaconus aber muss sie in der Schule lernen. Diese sich darin manifestierende Wiedergewinnung der Latinität ist nach meinem Urteil eine der bedeutendsten Leistungen der karolingischen Renaissance. Sie hat die Kultur des Abendlandes in allen Gebieten am nachhaltigsten geprägt. Im Übrigen finden sich auch Sapphische Oden als Kirchenlieder im Gotteslob, z.B. »Lobet den Herren, alle die ihn ehren« (GL 81) und »Dank sei dir, Vater, für das ewge Leben« (GL 484).

Dem meisterhaften Gedicht gehört eine meisterhafte Melodie: im Verlauf einer Strophe steigt die Melodie am Beginn einer Halbzeile um eine Stufe höher und durchmisst so eine sechsstufige Leiter von C bis A bzw. do bis la. Guido von Arezzo überliefert im 11. Jahrhundert erstmals die Melodie und entwickelt aus ihr sein System der Solmisation. Die Silben dafür entnimmt er den Anfangssilben des Hymnentextes:

Ut queant laxis
Resonare fibris
Mira gestorum
Famuli tuorum
Solve polluti
Labii reatum
Sancte ***I***ohannes.

Die Tonsilben der Solmisation sind bis heute gebräuchlich, der lateinische Hymnus kaum noch. Er wird heute meist in einer deutschen Übersetzung gesungen, die aber mehr freie Adaption als Übersetzung ist.

»Urbs Jerusalem beata«

Urbs Jerusalem beata,	*Stadt Jerusalem, glückselige,*
Dicta pacis visio,	*die genannt wird Anblick des Friedens,*
Quae construitur in caelis	*die im Himmel errichtet wird*
Vivis ex lapidibus,	*aus lebendigen Steinen,*
Et Angelis coronata,	*und gekrönt von Engeln,*
Ut sponsata comite.	*wie die Braut im Festgeleit.*
Nova veniens e caelo,	*Neu kommt sie vom Himmel wieder,*
Nuptiali thalamo	*bereitet für das Brautgemach,*
Praeparata, ut sponsata	*um als Braut dem Herrn*
Copuletur Domino:	*verbunden zu werden.*
Plateae et muri ejus	*Ihre Straßen und ihre Mauern*
Ex auro purissimo.	*sind aus reinstem Gold.*
Portae nitent margaritis	*Die Tore schimmern mit Perlen,*
Adytis patentibus:	*das Heiligtum steht offen.*
Et virtute meritorum	*Dorthin wird nach Maß seines Verdienstes*
Illuc introducitur	*jeder geführt,*
Omnis qui ob Christi nomen	*der um Christi Namens willen*
Hic in mundo premitur.	*hier auf Erden bedrängt wurde.*
Tunsionibus, pressuris	*Mit Meißelschlägen und Hammerhieben*
Expoliti lapides	*sind die Steine glatt zugehauen.*
Suis coaptantur locis	*Durch die Hand des Meisters werden sie erst*
Per manus artificis,	*an ihren Ort eingepasst,*
Disponuntur permansuri	*werden angebracht um dauerhaft zu bleiben*
Sacris aedificiis.	*für die heiligen Gebäude.*

Angularis fundamentum
Lapis Christus missus est
Qui compage parietis
In utroque nectitur.
Quem Sion sancta suscepit
In quo credens permanet.

Als Eckstein für das Fundament
ist Christus gesandt worden,
der im Gefüge der Wand
beidseits eingefügt wurde.
Den die heilige Stadt Sion aufnimmt,
Die fortbesteht, wenn sie an ihn glaubt.

Omnis illa Deo sacta
Et dilects civitas
Plena modulis in laude
Et canore iubilo.
Trinum Deum unicumque
Cum favore praedicat.

Jene ganze gottgeweihte
und geliebte Bürgerschaft
ist erfüllt vom Maß des Klanges,
Des Lobes und des frohen Jubelklanges.
Gott, den Einen und Dreifaltigen,
Preist sie mit feuriger Leidenschaft.

Hoc in templo, summe deus,
exoratus adveni
et clementi bonitate
precum vota suscipe,
Largam benedictionem
Hic infunde iugiter.

Höchster Gott, in diesem Gotteshaus
angefleht, komm und
nimm voll Huld und Güte die
Bitten auf
und gieße den breiten Segensstrom
Fortdauernd ein.

Hic promereantur omnes
Petita adquirere
Et adepta possidere
Cum sanctis perenniter
Paradisum introire
Translati in requiem

Hier mögen alle erlangen,
das Erflehte zu finden,
das Erreichte zu besitzen,
mit den Heiligen ins Paradies
ewig einzugehen
und geleitet zu werden in die Ruhe.

Gloria et honor Deo
Usquequo altissimo
Uno patri filioque
Inclito Paraclito,
Cuius laus est et potestas
Per aeterna saecula.

Lobpreis und Ehre gebühre
Gott, dem Höchsten,
sei dem Vater und dem Sohne
und dem Tröstergeist geweiht,
dessen Lob und Herrschaft
währt in alle Ewigkeit.

Den Abschluss unserer Hymnenbetrachtungen bildet einer der ganz berühmten Jerusalem-Hymnen der abendländischen Tradition. Er ist entstanden um die Wende vom 7. zum 8. Jahrhundert. Seinen liturgischen Platz hat er am Fest der Kirchweih. Dort wird der achtstrophige Hymnus aufgeteilt in vier Strophen für die Laudes und in vier Strophen für die Vesper. Er gehört zu der nicht sehr häufigen Gattung der Hymnen im trochäischen Versmaß.

Es fällt auf, dass die ersten sechs Strophen in Er-Rede gehalten sind, also beschreibend, die siebte Strophe aber die Du-Rede aufweist, bittend mit den Imperativen »adveni«, »suscipe« und »infunde«. Die Strophe acht setzt mit dem »promereantur« diesen bittenden Gestus fort, die Standarddoxologie bildet den Abschluss. Es ist durchaus denkbar, dass der ursprüngliche Hymnus nach der sechsten Strophe mit seiner trinitarischen Formulierung endete und die Strophen sieben und acht später hinzugefügt wurden.

Die ersten vier Strophen werden von zwei Motivfeldern beherrscht: zum einen mit Bildern aus dem Städtebau (Stadt, Steine, Straßen, Mauern, Tore und Zugänge), zum anderen mit dem Motivbild der Braut. In der dritten Strophe folgt nach Schmuck- und Brautbildern das Bild der Drangsal: in die Tore der Stadt werden die hineingeführt, die um Christi Namen willen bedrückt werden. Die durch Meißelschläge und Hammerhiebe geglätteten Steine werden vom Baumeister zu heiligen Gebäuden errichtet. In der Bildsprache des Städtebaus scheint also die Drangsal geradezu die Voraussetzung zu sein, dass die lebendigen Steine überhaupt als Baumaterial für die kostbar ausgestattete Stadt dienen können. Was die Stadt schmückt, ist die um Christi Namen willen erlittene Drangsal.

In einem ersten Rückblick zeigt sich, dass alle sechs Strophen von einer Einheit unterschiedlicher Bilder sprechen: die erste Strophe spricht von »Urbs« und Jerusalem. »Urbs« ist eigentlich die Stadt Rom als eine Stadt mit freier Bürgerschaft. Jerusalem ist der Ort der von den Juden im Tempel geglaubten Anwesenheit ihres Gottes. Diese beiden Bilder fügen sich im Hymnus zur Einheit von Glück und Frieden. Die zweite Strophe spricht von der Einheit von Braut und Bräutigam. Dieses Bild wird schon in der ersten Strophe kurz genannt. Die dritte Strophe spricht von der Überwindung der Trennung von Fanem und Pro-Fanem. Diese Einheit wird hergestellt durch das dann in der fünften Strophe gezeichnete Bild vom Fundament und dem Eckstein Christus. In der sechsten Strophe begegnet uns mit dem dort genannten Lobgesang das Motiv der Liturgie, allemal der Ort der Einheit zwischen Gott und Mensch.

Während die siebte Strophe mit Anrede und Bitte um Segen sich an den Herrn wendet, spricht die achte Strophe davon, dass Gott das Erflehte den Gläubigen schenken möge.

Natürlich sind alle diese den Hymnus charakterisierenden Motive der Heiligen Schrift entnommen: bei näherer Betrachtung präsentiert sich das Lied auf biblischem Hintergrund als eine geistreiche Textur aus der Offenbarung (Offenbarung

21,2ff), dem ersten Petrusbrief (1 Petrus 2,4ff) und dem Epheserbrief (Epheser 2,13ff), also von der Vision vom himmlischen Jerusalem als Braut und der Rede von Christus als dem Eckstein sowie den Christen als lebendigen Steinen. Aber auch hier herrscht eine Differenz. Während die Offenbarung das vom Himmel herabsteigende Jerusalem schaut, sprechen die Briefe vom Eckstein und den lebendigen Steinen im Zusammenhang der gegenwärtigen Kirche als Gemeinschaft der Glaubenden. Aber diese beiden werden eben auch zur Einheit gebunden durch das Fundament und den Eckstein Christus.

Er also ist in diesem Hymnus das Fundament sowohl der eschatologischen als auch der gegenwärtigen Stadt, der Kirche. Diese von Gott geliebte und himmlische und irdische Bürgerschaft ist vereint im Lob des dreieinigen Gottes.

Es darf nicht unerwähnt bleiben, dass der früheste Zeuge des Hymnus ein Pontifikale von Poitiers ist (8. Jahrhundert). Seine Schlussstrophe heißt:

Fonte prolem salutari chrismatis et unguine / Candidatam et ornatam virgo mater afferens / Quam superna proles patris Christus caelo accipit.

Nachkommenschaft aus der heilbringenden Quelle und durch das Salböl des Chrisams / Weiß-Gemachte und Geschmückte bringt die Jungfrau Mutter hervor / die (Nachkommenschaft), die der erste Nachkomme des Vaters, Christus, in den Himmel aufnimmt.

Der Hymnus wurde also nach dieser Lesart am Karsamstag beim Taufbrunnen gesungen und bezieht sich auf die christliche Initiation während der Osternacht. Taufe und Firmung werden als Versiegelung gedeutet: Sie gliedern die Täuflinge in die auf Christus gegründete eschatologische Gemeinschaft ein. Taufe ist damit Kirchweihe in grundlegendem Sinn: Nicht ein Gebäude wird geweiht, sondern lebendige Steine werden geweiht. Da diese Textfassung von Poitiers die mit Abstand älteste Bezeugung des Hymnus darstellt, kann nicht ausgeschlossen werden, dass sie die ursprüngliche ist und sich somit erst sekundär der Sitz im Leben von der Osternacht dann auf die Kirchweihe verschoben hat.

Literatur

Augustinus, Enarrationes in Psalmos, Psalm 72,1 (Kirchenväterausgaben der Mauriner, IV 1, 1077 C).

Baumhof, Gregor: Gesänge der Stille, München 2006.

Baumhof, Gregor: Gesänge von Licht und Leben, München 2009.

Baumhof, Gregor: Gesänge der Hoffnung, München 2013.

Blume, Clemens: Unsere liturgischen Lieder, Regensburg 1932.

Consilium ad exsequendam Constitutionem de sacra Liturgia, Instruktion »Comme le prévoir«, in: Dokumente zur Erneuerung der Liturgie, Bd. 1, herausgegeben von Heinrich Rennings und Martin Klöckener, Kevelaer und Fribourg 2002, S. 1200–1242.

Pascher, Josef: Das neue Stundenbuch. (1) Die Hymnen, in: Gottesdienst. Informationen und Handreichung der liturgischen Institute Deutschlands, Österreichs und der Schweiz 4 (1970), S. 184.

Löhr, Aemiliana: Abend und Morgen ein Tag, Regensburg 1955.

Liber Hymnarius, Solesmes 1983, S. 232.

Stock, Alex: Lateinische Hymnen, Berlin 2012.

Voss, Gerhard: Dich als Mutter zeige, Freiburg im Breisgau 1991.

Voss, Gerhard: Die Kreuzhymnen des Venantius Fortunatus, Una Sancta 2/92

Übersetzung der Hymnen:

Frater Gregor Baumhof, Dr. Stefan Berkmüller,
Ruedi Stäuble, Pater Dr. Gerhard Voss

Bibliographische Information der Deutschen Nationalbibliothek
Die Deutsche Nationalbibliothek verzeichnet diese Publikation in der Deutschen Nationalbibliographie. Detaillierte bibliographische Daten sind im Internet über http://dnb.d-nb.de abrufbar.

in Deutschland produziert

Ohne Folie
Für unsere Umwelt

1. Auflage 2024

Covermotiv: Jobalou / istockphoto.com
Gesamtgestaltung: Dr. Matthias E. Gahr
ISBN 978-3-7365-0558-2
www.vier-tuerme-verlag.de